JN218501

関節トレーニングで強い体をつくる

関トレ

笹川大瑛
理学療法士

朝日新聞出版

関トレ

関節トレーニングで強い体をつくる

はじめに

はじめまして、理学療法士の笹川大瑛《ひろひで》です。この本を手にとっていただき、本当にありがとうございます。私は、理学療法士として大阪、東京の病院でリハビリを担当した後、現在は日本大学大学院で運動学・トレーニングの研究をしています。また、全国の医療従事者を対象に技術指導をおこなう一方、トップレベルのアスリートのトレーナーとしても活動しています。

本書では、私がこれまで仮説と検証を繰り返しながら構築し、考案したオリジナルのトレーニング法を紹介しています。それが、**関節を守る筋肉を鍛える運動、略して〝関トレ〟**です。このトレーニングは、

- **マッサージや整体に行っても関節の痛みがとれない**
- **関節のケガを予防したい**
- **運動時のパフォーマンスを高めたい**
- **基礎体力をつけたい**
- **疲れない体をつくりたい**

といったことに有効です。

私が理学療法士の道を志したのは、小学校低学年から続けている剣道の技を磨くべく、運動学を学ぶためでした。大学ではスポーツ動作を研究するスポーツバイオメカニクスを専攻しました。

「もっと効率的な動きがないか」
「質の高い動作とはどんなものか」
「どうやったら運動を根本的に変えられるのか」

こんなことが常に頭から離れず、剣道の動作の研究をしながら自身でも稽古を実践し、仮説と検証を繰り返す毎日を送っていました。大学を卒業するころには、もっと運動のことを勉強したいという思いが強くなり、卒業研究の指導教官であり、プロ野球・埼玉西武ライオンズのスポーツドクターである峯島孝雄先生に相談したところ、「それなら理学療法士になればいいのでは」とアドバイスをいただき、この道に進むと決めたのです。

実際に社会に出てからはスポーツ医療で定評のある大阪の病院に勤務し、スポーツ選手、腰の曲がった高齢者、脳卒中で半身不随になった方のリハビリを担当しました。その際、

患者さんのひとつひとつの筋肉を調べていくと、共通点を発見したのです。それは、

- **痛み、ケガ、パフォーマンスの低下は、関節を守る筋力の低下が原因である**
- **関節を安定させる筋肉は決まっており、ひとつの関節には2つの筋肉が関係している**
- **関節を守る筋肉を鍛えていくと、痛みがとれたり、パフォーマンスが上がっていったりする**

ということです。つまり、脳卒中で足が麻痺《まひ》した患者さんも、筋力の弱った高齢者も、スポーツ選手も、関節を守る筋肉を鍛えることで、関節を安定させつつも動かせる範囲が広げられるため、動作が改善し筋力が向上することを発見したのです。

では、関トレをするとどのようなメリットがあるかというと、関節の痛みがなくなったり、腰を曲げて歩いていた高齢の患者さんが腰を伸ばして歩けるようになったり、O脚で曲がった膝《ひざ》がすっと伸びるようになったり……。今まで何をしても膝の痛みがとれなかった患者さんが「あれっ、痛くない！」と言って驚いた顔をしたのを何度もみてきました。また、スポーツ選手からは「新しい技術が身に付いた」「速く走れるようになった」「野球の球速が上がった」と言われるなど、関トレをすることで体が変化していくのです。

関トレは体づくりの基礎になる運動。性別や年齢に関係なく、万人におすすめできるトレーニング法です。また、筋トレやストレッチをする前の運動としてもおすすめしたい運動です。本書では、その理由にも迫り、関トレの奥深さをみなさんにお伝えします。

関トレをすればするほど筋力がついていき、関節が大きく動くようになるためパフォーマンスも上がります。パフォーマンスの向上に年齢は関係ありません。関トレを正しく理解して、正しく実践すれば、体は劇的に変化していきます。なぜなら関トレは、できないことをできるようにするトレーニングだからです。

関トレがみなさんの健康づくり、体づくりの一助になれば幸いです。

目次

第1章 関トレとは何か？

第2章

関トレはこの症状に効く！　75

第3章 関トレ実践のコツと注意ポイント

第4章 関トレなんでもQ＆A トレーニング＆スポーツ

☑関節力チェック

あなたの関節を守る力は
大丈夫ですか？ 早速チェック！
次に紹介する姿勢が
とれない場合は関節が
弱っているサインです。
関節を守る筋肉が弱いままだと、
痛みやケガのリスクが
高くなります。

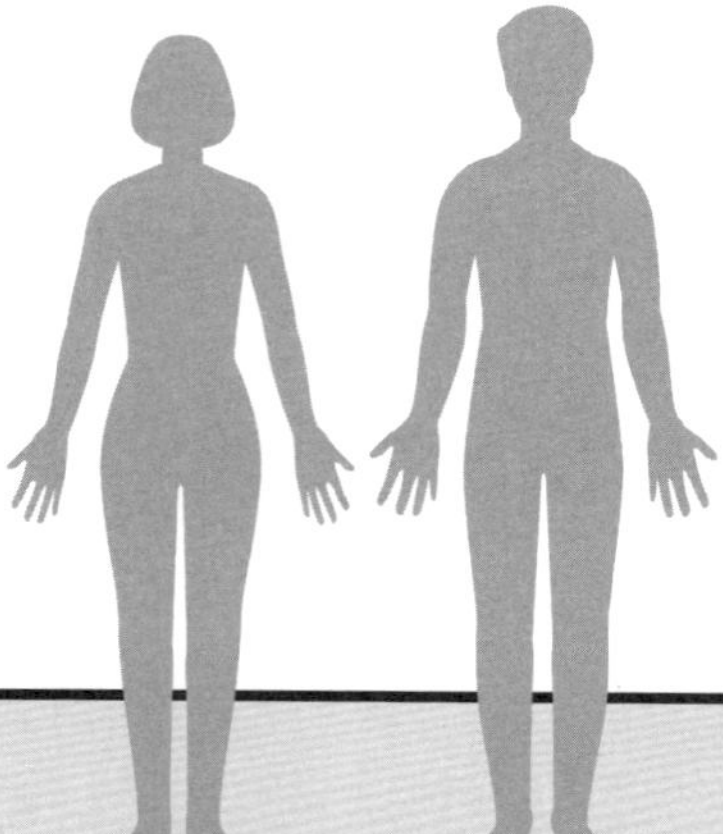

チェック1　腰から股関節

【方法】

両足を腰幅に開き、両手は両腰に。足裏は床から離れないようにし、すねと床が垂直を保ったまま、股関節を曲げて腰を落とす。腰が曲がる、腰が反る、膝が前に出てすねと床が垂直にならないなど×の写真の状態になる場合は、腰の関節や股関節を守る力が低下しています。

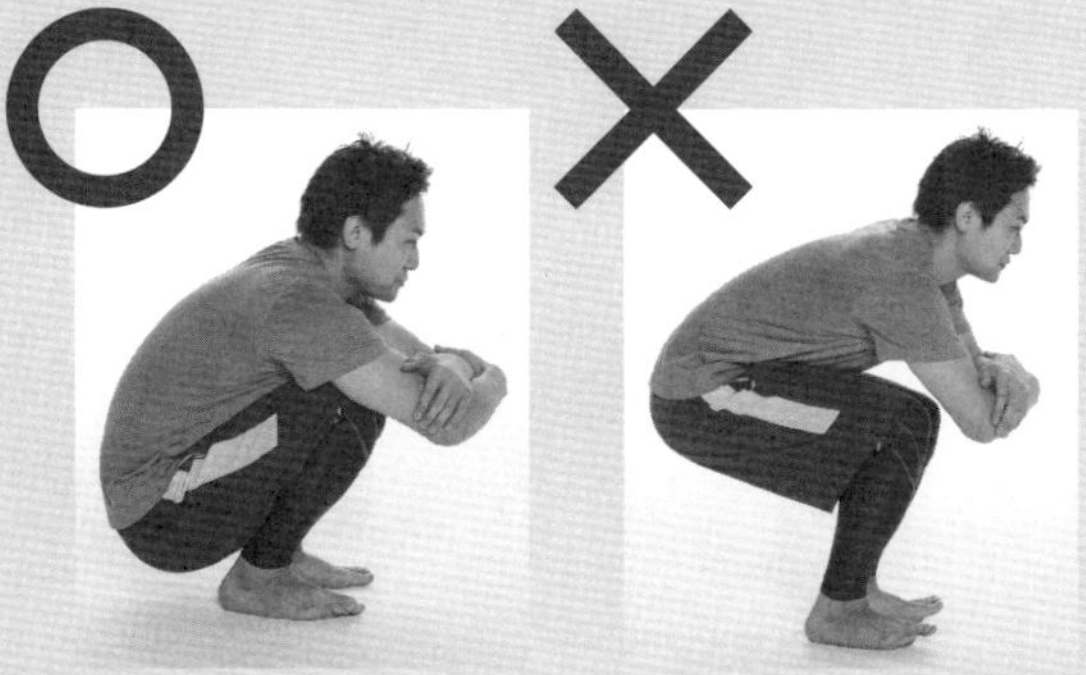

チェック2　足首

【方法】

足裏を床につけ、かかとを上げないようにして、お尻がかかとにつくまでしゃがみます。そのときにすねの前の筋肉が過剰に働いていなければOK。足首が曲がらずしゃがめない場合（右写真）は、足首の関節を守る力が低下しています。

チェック3　肩甲骨

【方法】

肩甲骨をどのくらい広げられるかをチェック。両腕の肘《ひじ》から手首までをピタッとつけて、手のひらは顔に向けます。この状態のまま（肘と手首を離さずに）肘が顔の前にくるように上げます。肘がつかない、肘が顔の前まで上がらない場合（×写真）は、肩甲骨の関節を守る力が低下しています。

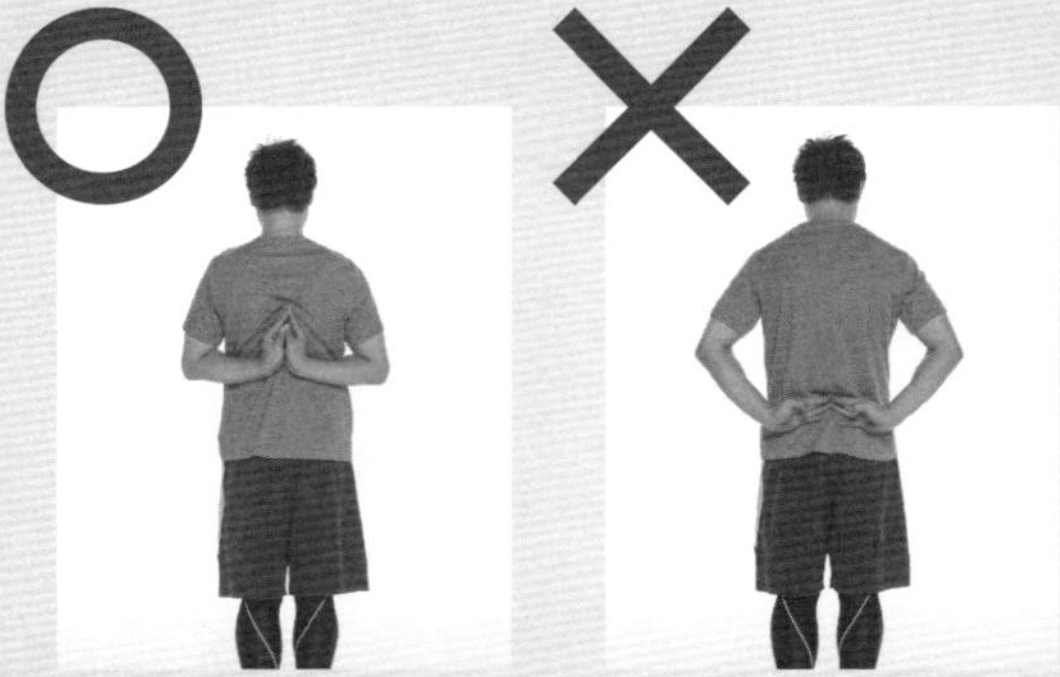

チェック4　肩関節

【方法】

肩関節を内側にどれだけねじれるのかをチェック。手を後ろに回して両手のひらを合わせます。その状態で指先を背骨に沿わせて頭部の方向へ肘をどんどん曲げていきます。手のひらが合わせられない、肘が曲がっていかない（右写真）、肩の前に痛みがある場合は、肩関節を守る力が低下しています。

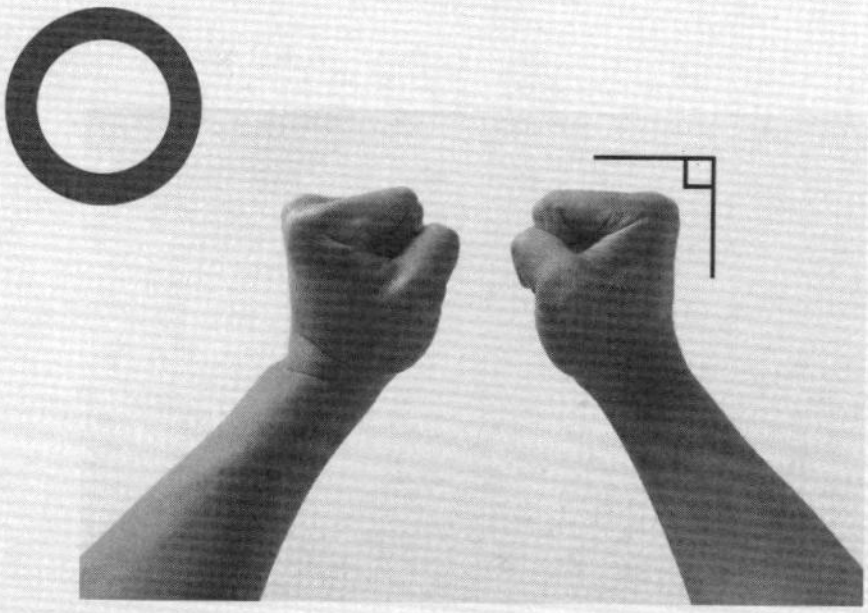

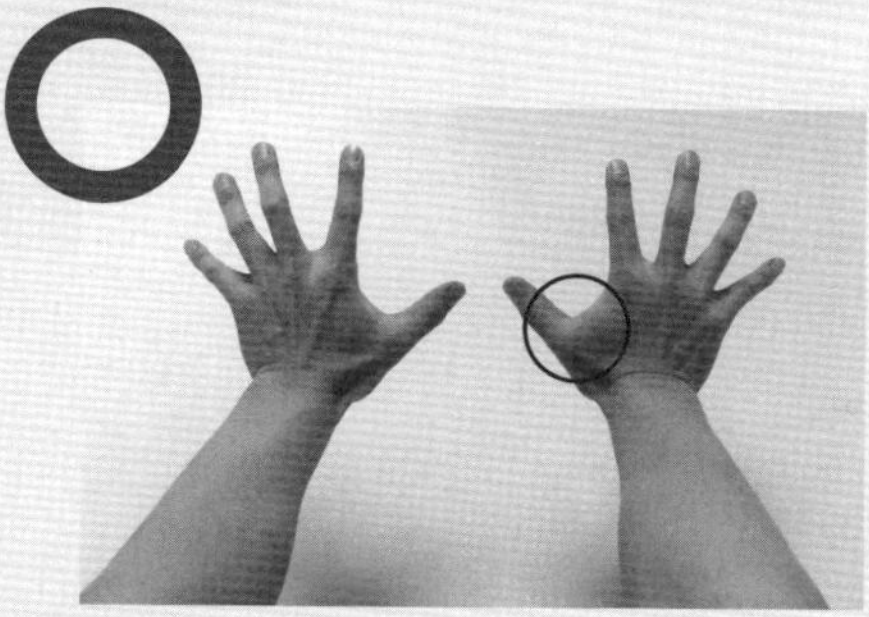

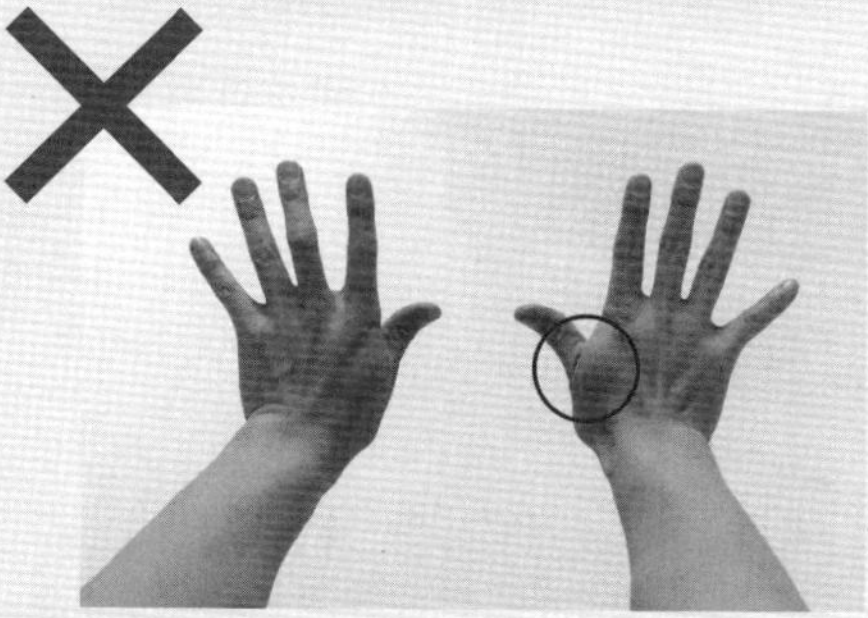

チェック5　手首

【方法】

手をグーに握ったときに、人差し指と手の甲が90度になっているかをチェック。また、手を開いたときに、親指の付け根の骨（第一中手骨）よりも親指の骨（第一基節骨）が内側を向いていればOK。そうでない場合（×写真）は、手首を守る力が低下しています。

体の仕組み
関節と筋肉の位置関係

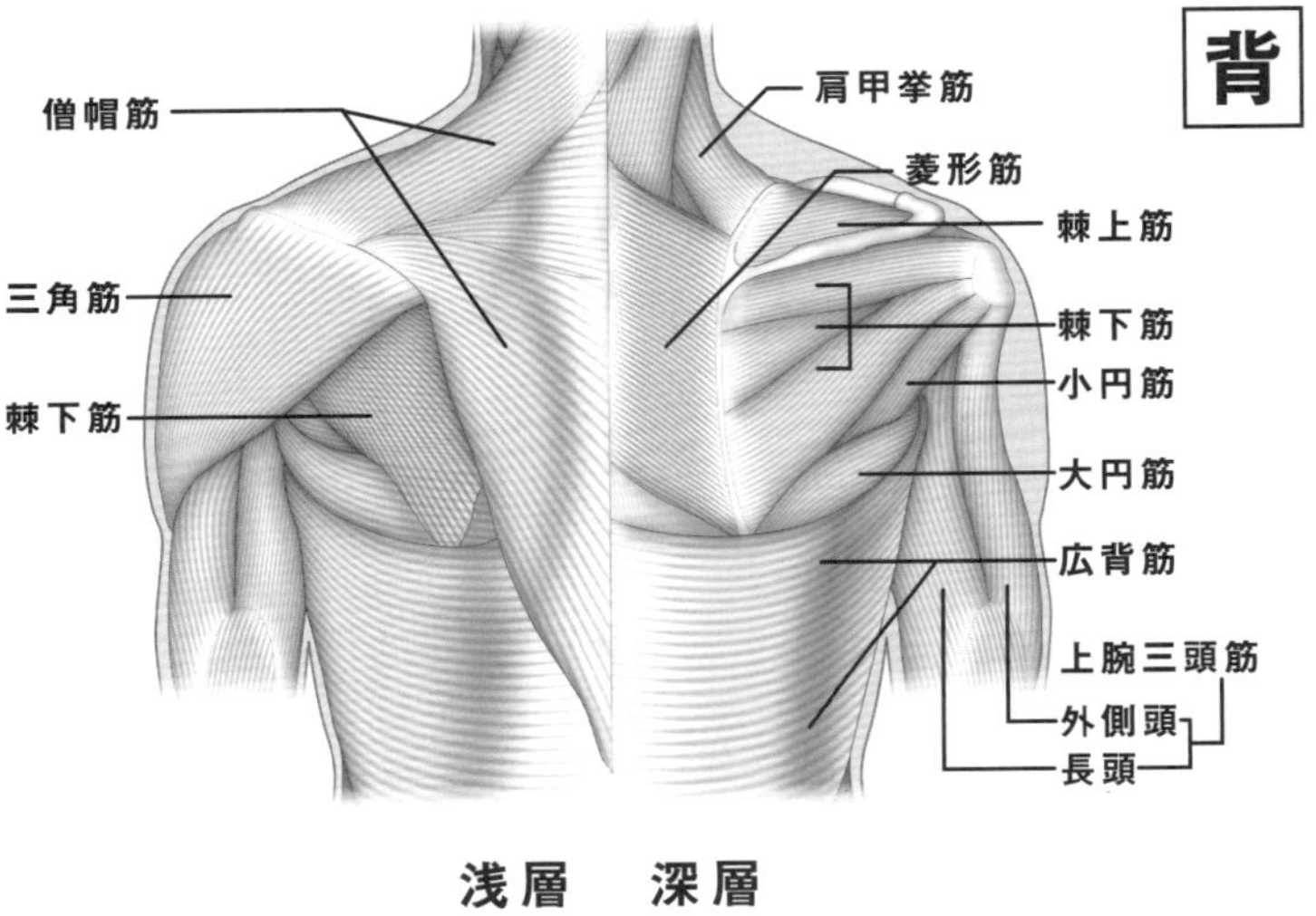

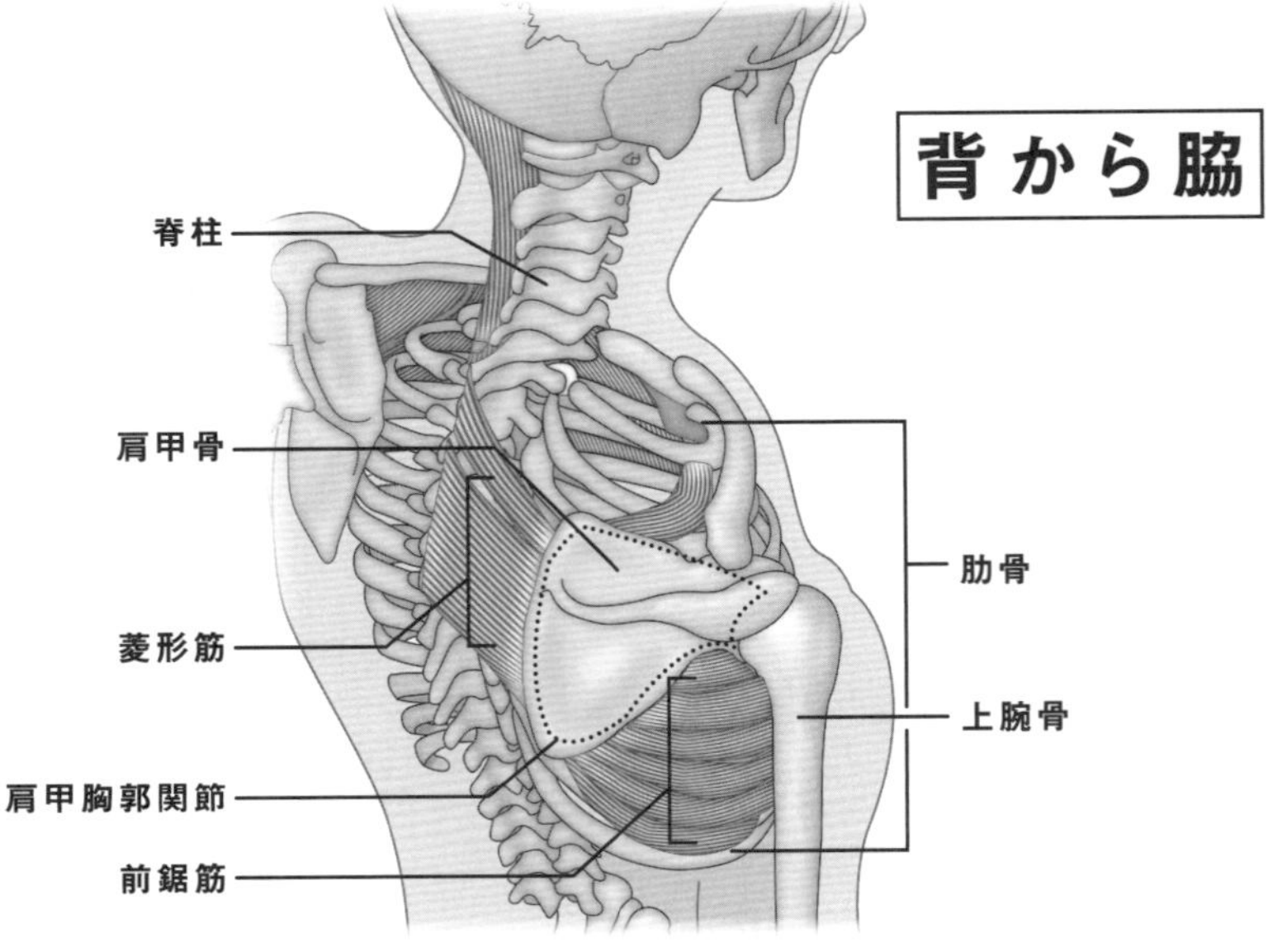

肩

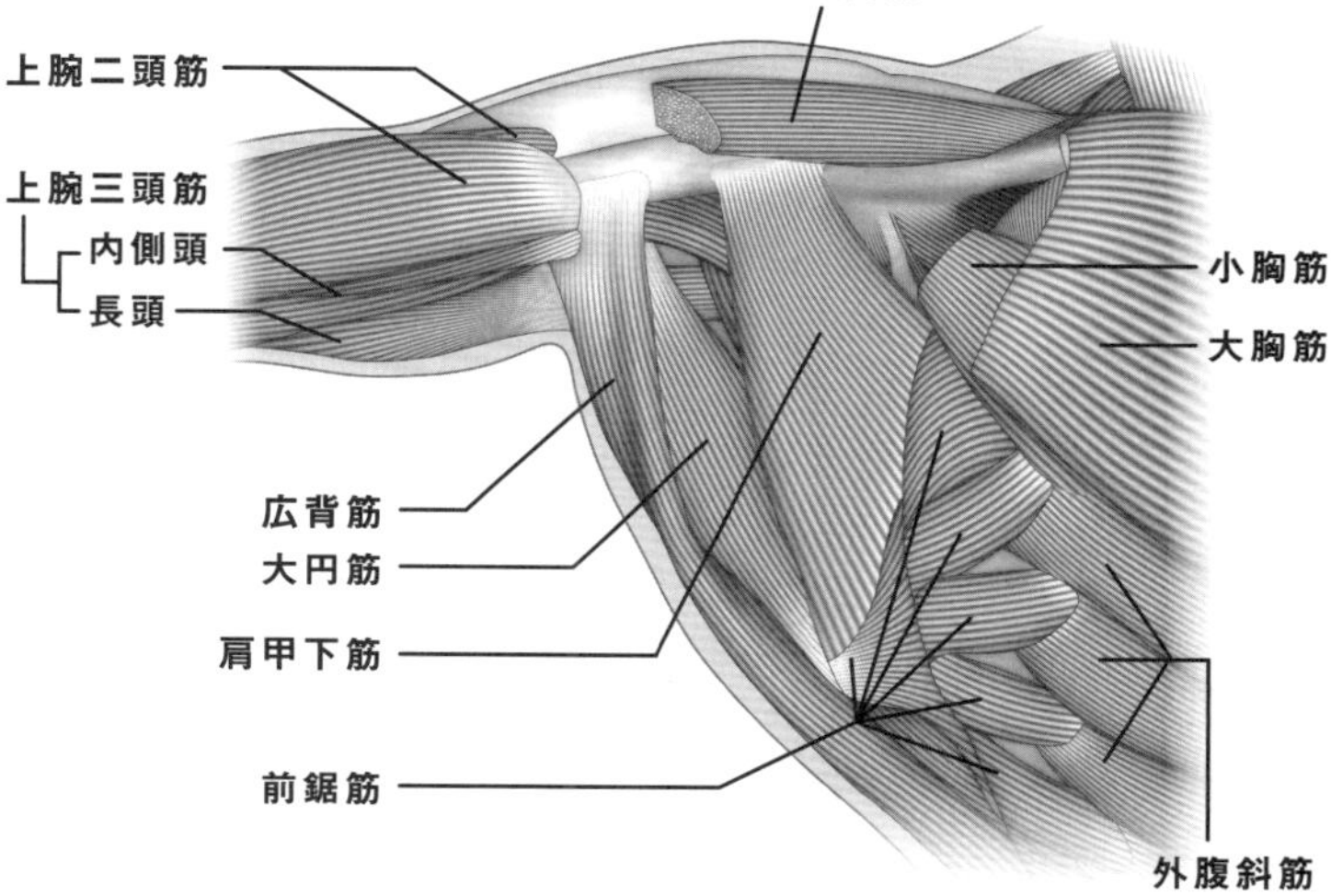
三角筋
上腕二頭筋
上腕三頭筋
内側頭
長頭
小胸筋
大胸筋
広背筋
大円筋
肩甲下筋
前鋸筋
外腹斜筋

前面（浅層）

肩

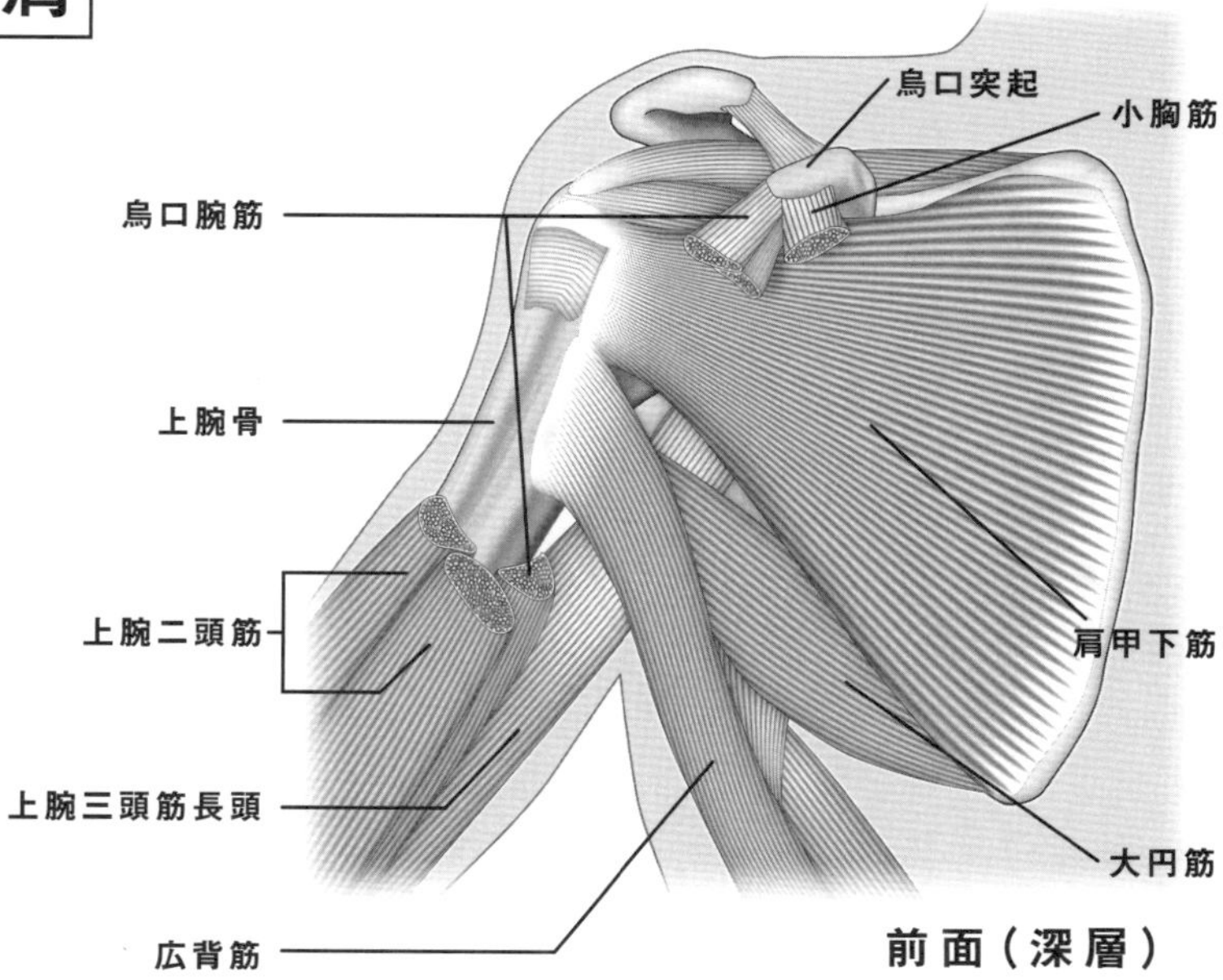
烏口突起
小胸筋
烏口腕筋
上腕骨
上腕二頭筋
肩甲下筋
上腕三頭筋長頭
大円筋
広背筋

前面（深層）

腹から膝

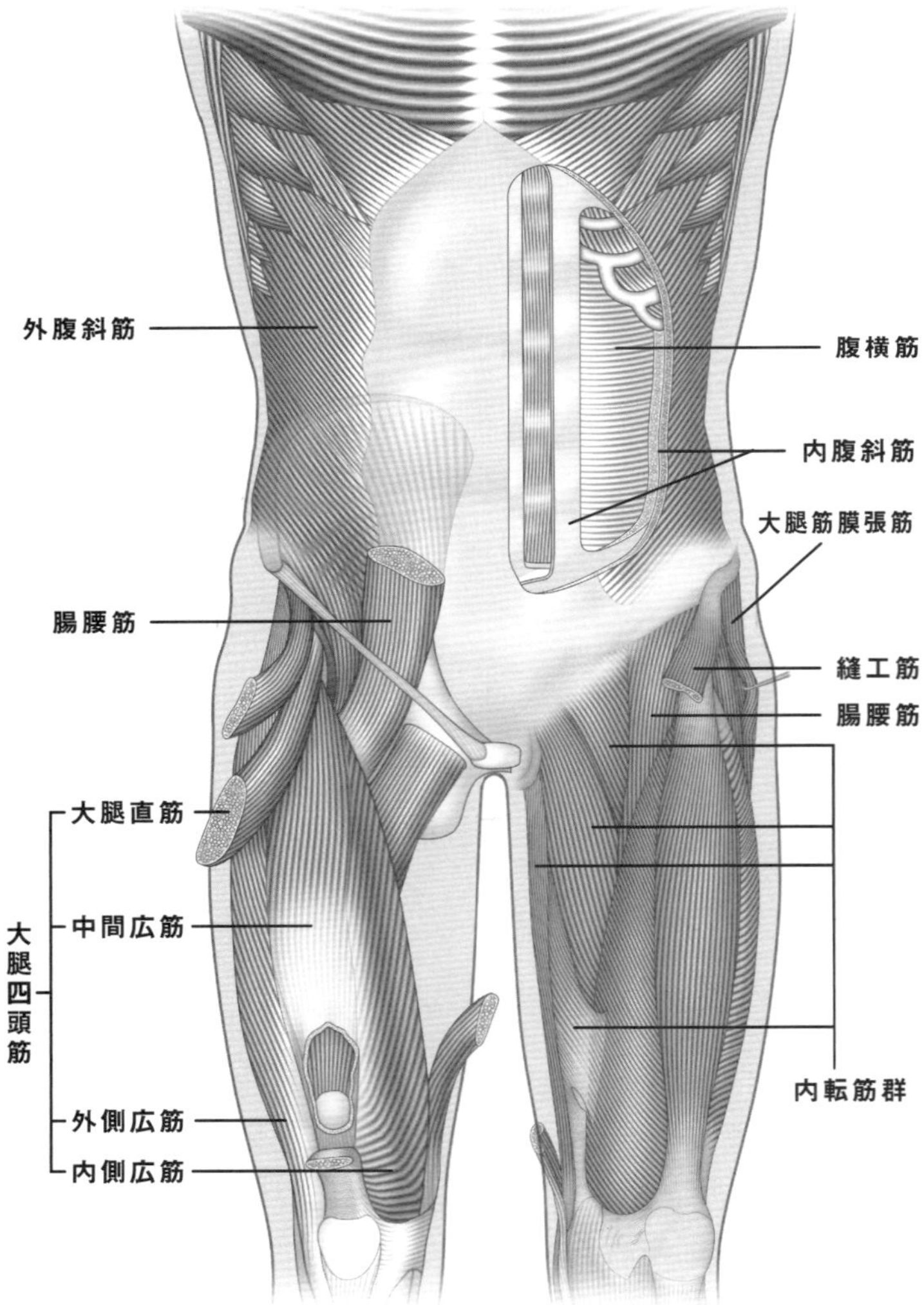

外腹斜筋
腹横筋
内腹斜筋
大腿筋膜張筋
腸腰筋
縫工筋
腸腰筋
大腿直筋
中間広筋
大腿四頭筋
外側広筋
内側広筋
内転筋群

前面

背から膝

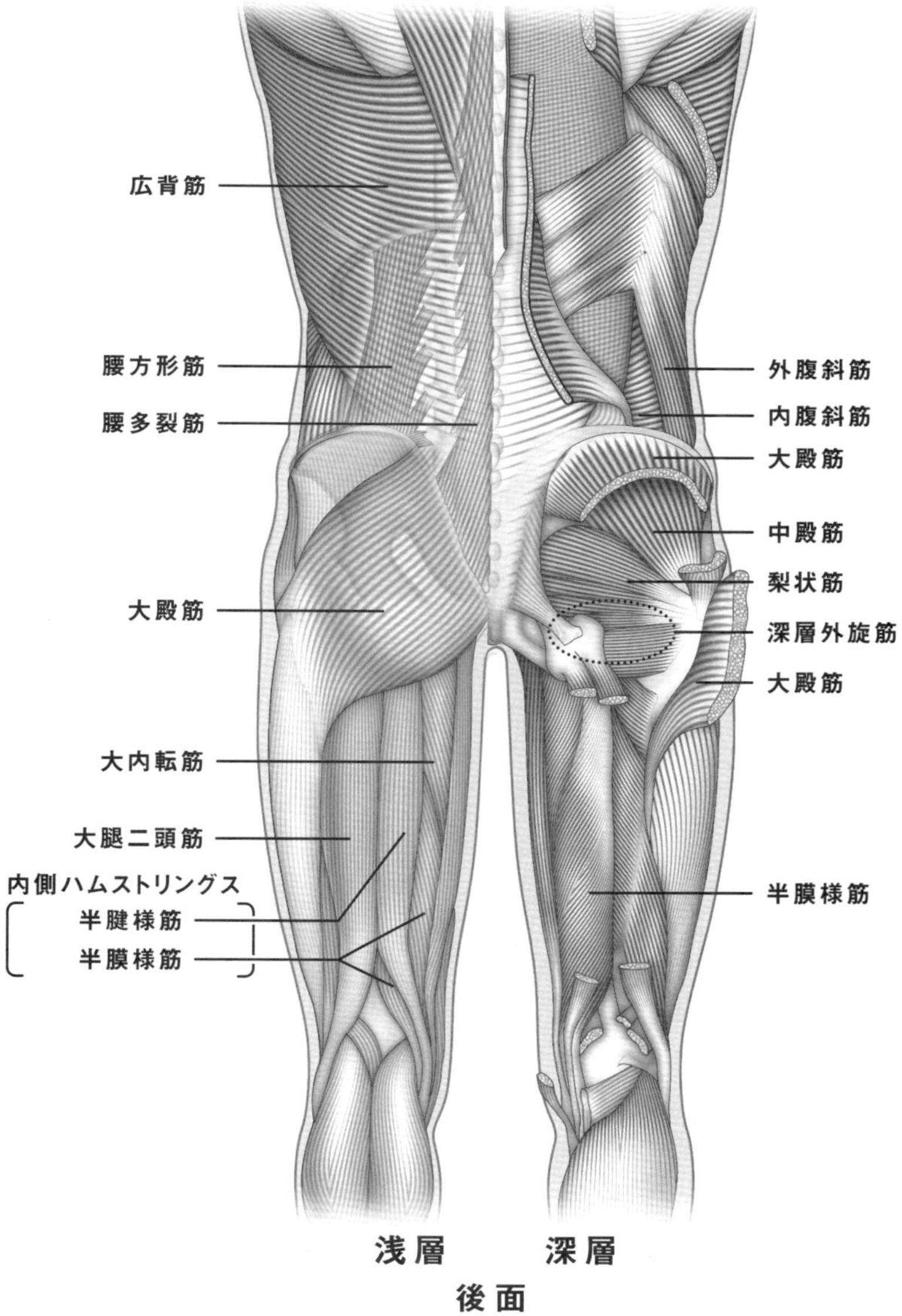

広背筋
腰方形筋
腰多裂筋
大殿筋
大内転筋
大腿二頭筋
内側ハムストリングス
半腱様筋
半膜様筋
外腹斜筋
内腹斜筋
大殿筋
中殿筋
梨状筋
深層外旋筋
大殿筋
半膜様筋
浅層
深層

後面

腕

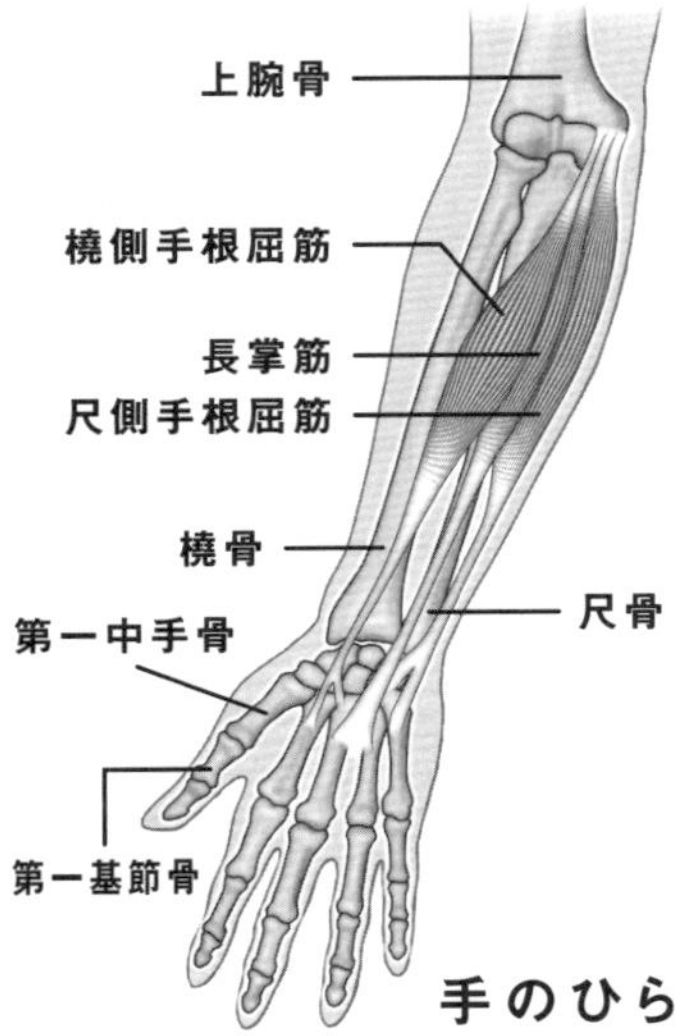
上腕骨
橈側手根屈筋
長掌筋
尺側手根屈筋
橈骨
尺骨
第一中手骨
第一基節骨
手のひら

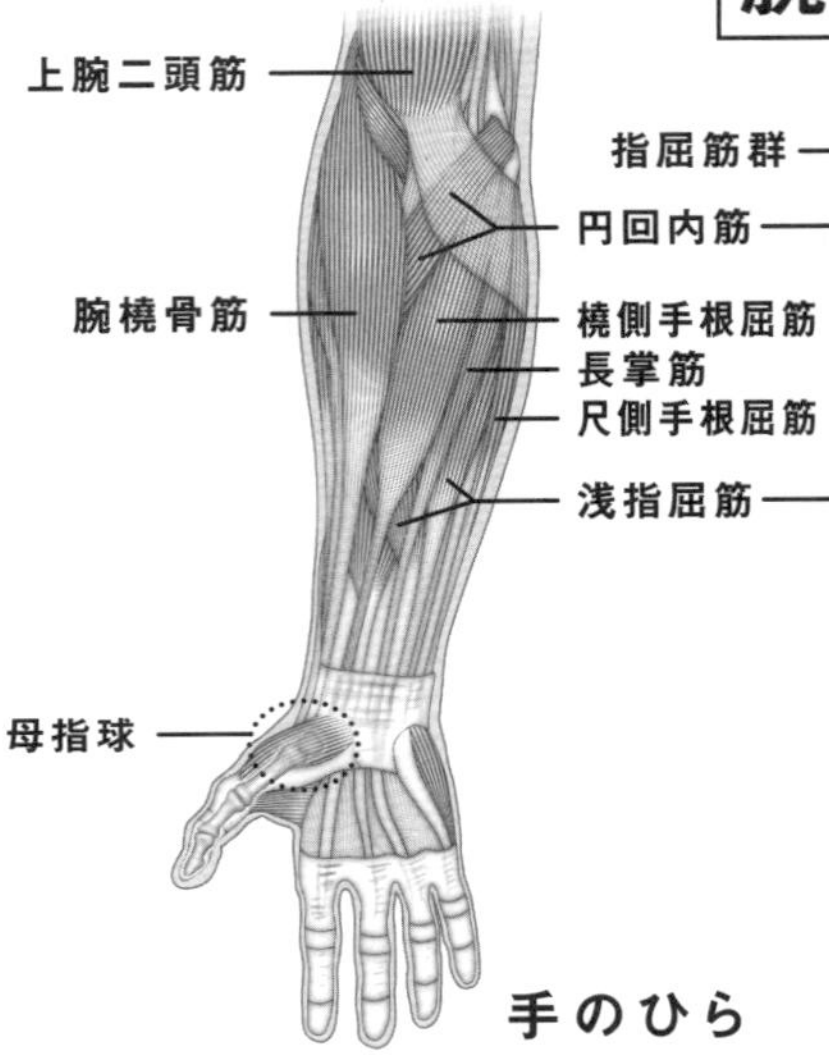
上腕二頭筋
指屈筋群
円回内筋
腕橈骨筋
橈側手根屈筋
長掌筋
尺側手根屈筋
浅指屈筋
母指球
手のひら

腿

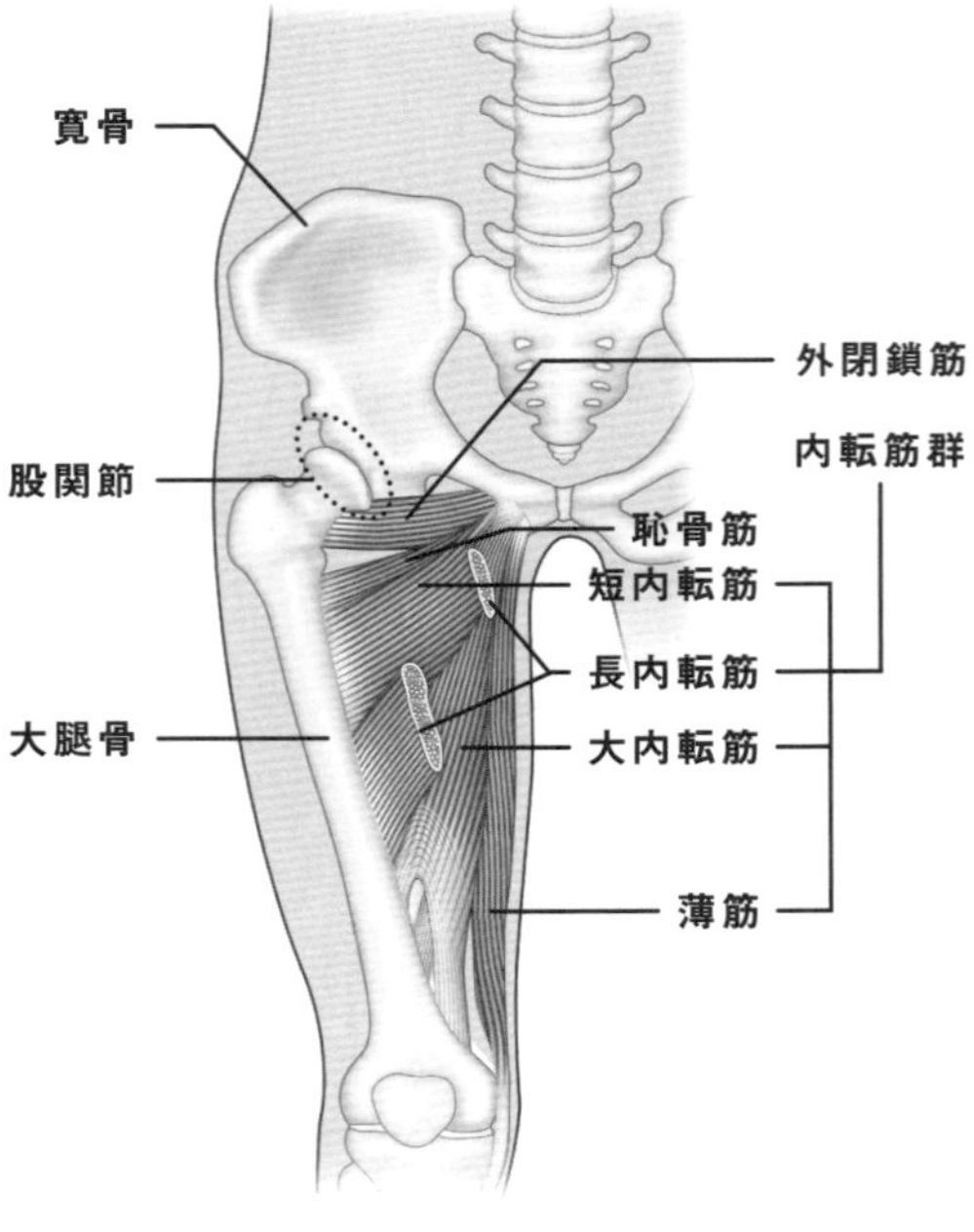
寛骨
外閉鎖筋
内転筋群
股関節
恥骨筋
短内転筋
長内転筋
大腿骨
大内転筋
薄筋

腰

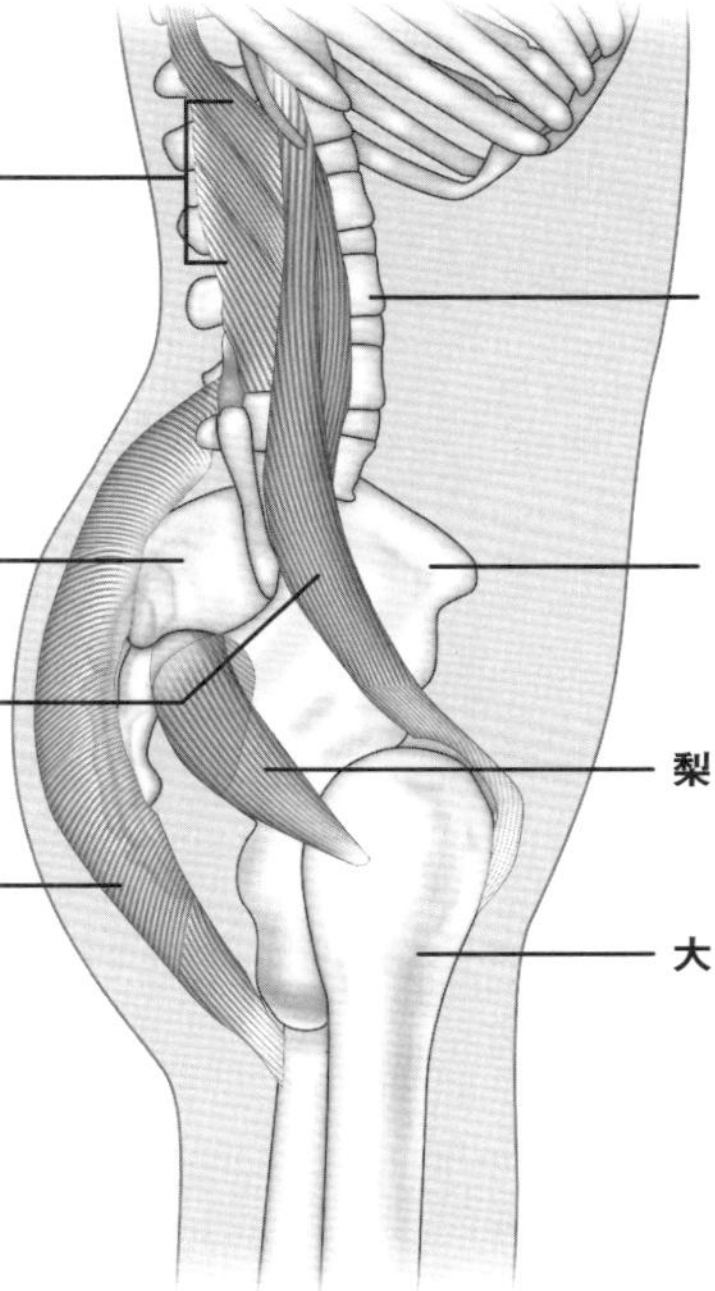

多裂筋
腰椎
仙骨
寛骨
腸腰筋
梨状筋
大殿筋
大腿骨

足

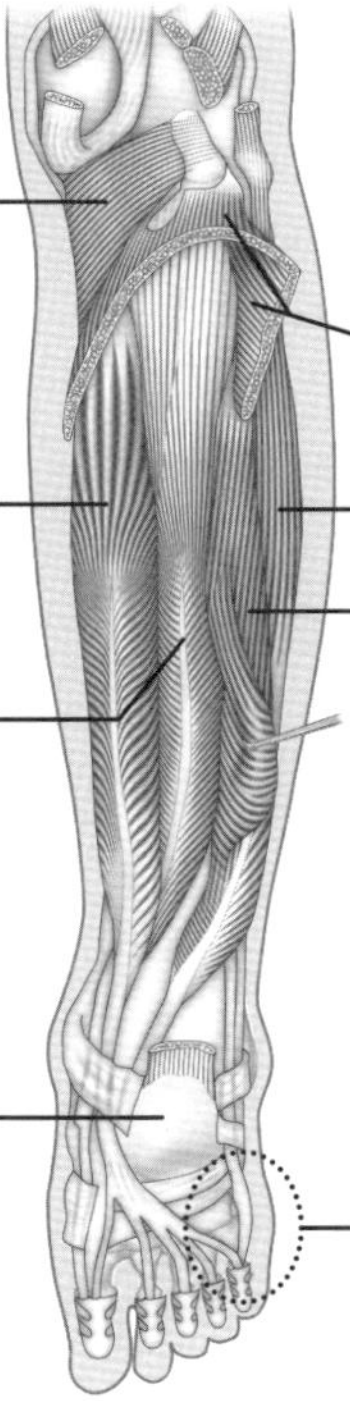

膝窩筋
ヒラメ筋
長趾屈筋
腓骨筋
長母趾屈筋
後脛骨筋
踵骨
小趾球筋群

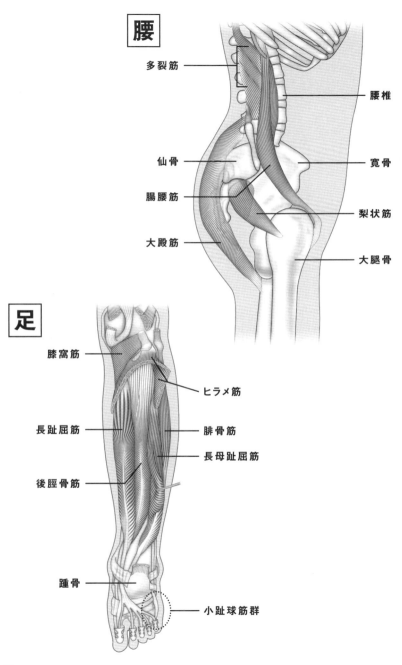

足

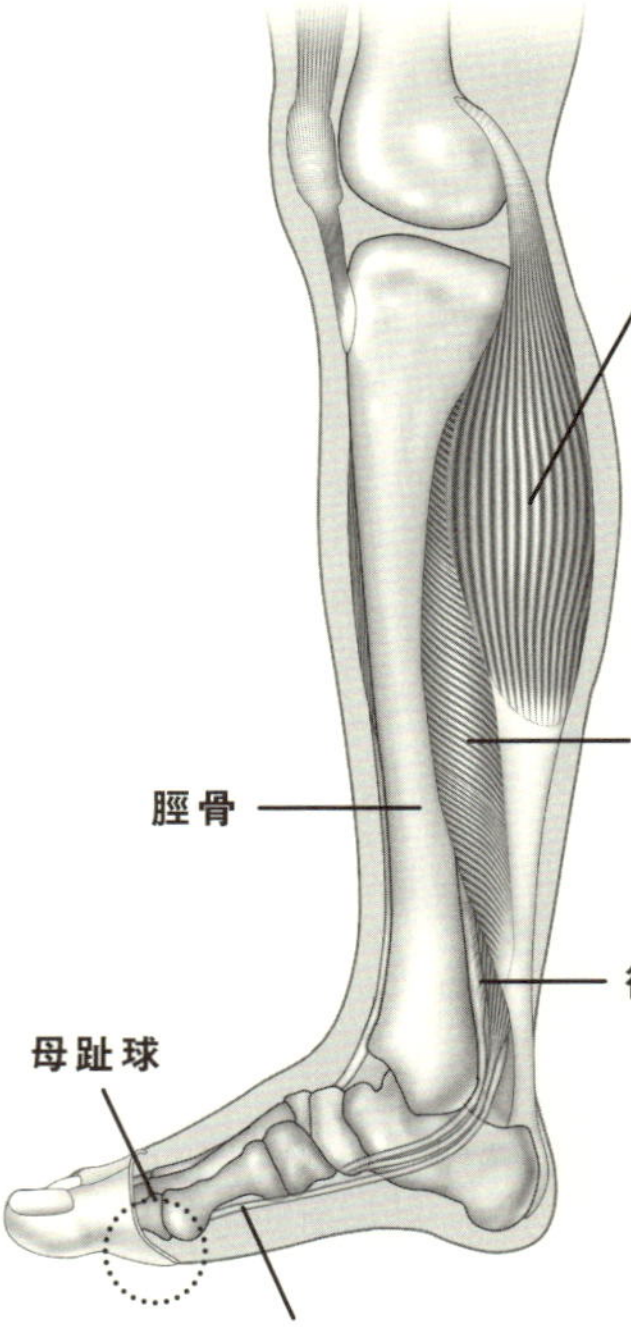

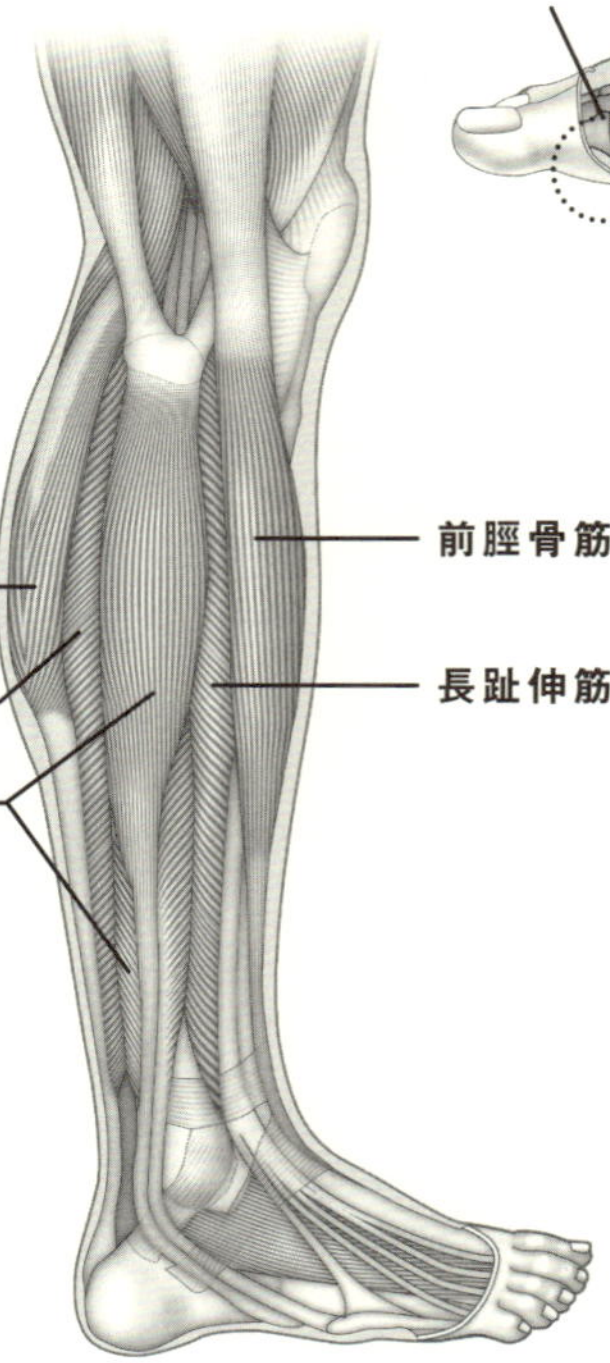

第1章

関トレとは何か？

関トレは誰もが同じ効果を得られるトレーニング

理学療法士の経験から考案した運動

理学療法士は運動の専門家です。解剖学、生理学、運動学を熟知し、それらの知識を総動員させて患者さんの体をみます。理学療法士というと、整形外科でリハビリを担当する人というのが一般的なイメージだと思いますが、病院だけでなく、福祉施設、スポーツの現場も理学療法士の代表的な職場です。

「はじめに」でも触れましたが、私はこれまで、整形外科でさまざまな症状を持つ方のリハビリを担当してきました。病院には関節の痛みを抱えて来る方が多く、膝や腰が痛い、関節が動かしづらい、強い負荷をかけたときに痛くなるなど症状は多岐にわたります。年齢も10代の若い方から90代の高齢者までと幅広く、私が理学療法士としてたくさんの患者さんをみて思ったのは、教科書通りにやっていても患者さんの関節の痛みを解消できないということでした。こうした経験や自身の研究をもとに考案したのが、**関節を守る筋力をつける関トレ**です。関トレで痛みがとれるのはもちろんですが、できなかった動作ができるようになるなど、多くの方にその効果を実感していただきました。病院では私が患者さんに関トレを指導していましたが、ひとりで動ける場合は自宅でもおこなってもらうようにしていました。

関トレは、**腰から股関節、膝、足首、肩甲骨、肩、肘から手首を守る筋力を高めてくれます**。ひとつの関節を守るのは2つの筋肉です。本書では、これらの筋肉を強くする運動を12紹介します。器具などは一切使わず自分の力でおこないます。すべての運動をおこなってもかかる時間は約20分。腰が痛いときは腰の関トレだけ、肩が痛いときは肩の関トレだけでもOKです。関節を守る力をキープするため、私は毎朝、12の関トレをすべておこないます。

私はこの独自のトレーニング理論には自信を持っています。なぜなら**関トレは科学的な**

考察から得たもので、再現性があるからです。再現性があるということは、誰もができ、ほぼ同じような結果が得られるということです。ぜひ試してください。

関トレは仮説と検証から生まれた

高齢者もアスリートも筋肉の構造は同じ、だから鍛え方も同じ

私が考案した関トレの理論は、ホームページを作成して発信したりネットで受講者を募って講習会を開くなどして、少しずつですがより多くの方に関心を持っていただけるようになりました。現在私は、関トレでより多くの患者さんの痛みをとってもらいたいという思いもあり、整体師やトレーナーなどの**専門家を対象にその理論を教えています。**

研究を進める中で辿《たど》り着いたのが、パフォーマンスの向上とケガの予防は表裏一体だということ。つまり、ひとつの関節を守る2つの筋肉を鍛えることで、パフォーマンスも向

上し、関節のケガも予防できるということです。

ここで、関トレ誕生の経緯を少し書かせていただきます。

スポーツでは技術の習得にとても多くの時間がかかりますが、もともと備わった身体的センスに重きがおかれ、競技力やパフォーマンスの向上には何が必要なのかという部分が曖昧《あいまい》なままにされてきたように思います。野球のピッチャーは肩を壊したら選手生命が短くなると心配し、スプリンターはタイムが伸びずにこれが限界だと感じてしまう……。自分には才能がないと、スポーツの世界から去っていく選手がとても多いのも事実です。スポーツではあるところまで上達すると、「上達の限界点」のようなものを感じます。

私もそうでした。私は小学校低学年から剣道をしていましたが、高校生になると練習がハードになり、体を酷使し痛めつけていくので思うように体が動かなくなっていったのです。何度練習しても「なんかうまくいかないなあ」と感じる日々が続いて、私自身、剣道という競技を楽しめなくなっていたのです。

「どうして試合ではいつも通りに動けないのか」

「練習しても、しても、一向に上達したと感じられない」

「何をすればよいのかわからなくなりトレーニング本を読むが、効果を感じられない」

「いつも体の動かしにくさを感じている」

このようなことを感じながら剣道の稽古をしていたのを覚えています。

スポーツというのは練習をすればするほど上達していくものだと私は信じていました。ですが実際には、体は自分の身体が動かせる能力の範囲内でしか動かすことができません。これは勉強してわかったことなのですが……。

自分自身の身体能力以上に強い負荷の練習やトレーニングをおこなうと、「オーバーユース」という、いわゆる使いすぎによるケガにつながります。そして、自分自身の身体能力の範囲内でしか体を動かせない以上、スポーツの競技力低下、つまりパフォーマンスが充分に発揮できない、競技力が伸び悩むという現実にぶつかるのです。

私は剣道という競技が大好きです。剣道が楽しくて部活の練習が終わった後も自分の家で稽古をしていたほどです。小・中学時代は全国大会に出場でき、高校も強豪校へ進学しインターハイに出場しました。大学では体育を専攻したものの、家庭の事情もあり、部活動として剣道を続けることはできませんでした。スポーツバイオメカニクスを学び、スポーツの動きに関する卒業論文を書いたのですが、「科学でスポーツの競技力を向上させたい」

「もっと運動のことを学びたい」「トレーニング次第で剣道ももっとうまく、強くなれるんじゃないか」——そんな風に考えていました。

在学中は自身の体の動きを改善して剣道のパフォーマンスを上げるべく、さまざまなトレーニングやエクササイズをおこない、自分の体を使って研究しました。運動に関する書籍、雑誌やＤＶＤもたくさん見ましたが、実践してみて「体が変わった」と思えるものはありませんでした。有名な武術家のセミナーに何度も参加しましたが、答えはなかなか見つからず、時間が経《た》つにつれ「やはり人の運動能力はもともとの持っている才能によるんじゃないか」「自分自身では根本的に動きを変えられないのではないか」「努力してもスポーツでは限界がある」「天才だからトップアスリートなのだ、そして私は凡人だ」とネガティブな感情ばかりが出てきました。

それでも私は「科学の力でスポーツのパフォーマンスを上げられないのか」と、自分なりの答えを見つけたい一心でした。そんな中、運動のプロフェッショナルである理学療法士という職業を知り、次第に運動に強い関心を持つようになったのです。

その後、理学療法士となり、初めて勤めた病院では慢性疼痛《とうつう》、脳血管疾患の患者さんのリハビリを多く担当しました。歩けない人がどうやったら再びしっかり歩けるようになるのか、痛くて変形してしまった膝はもう治らないのか、何とか患者さんを治してあげたいと取り組むのですが、なかなか思うようにリハビリの効果が上がりません。こうした中で、悩みながらも多くの文献を読み、ありとあらゆる技術の勉強会やセミナーにも参加しました。患者さんが以前のように動けるようになるための方法を探していく中、「運動」にどんどん集中していったのです。

心のどこかで、高齢者の関節痛を治せないのであれば、負荷の強いスポーツ選手の体を治せるはずがないと感じながら高齢者のリハビリをおこなっていたのを覚えています。ですが、どんなに勉強会やセミナーに参加してもなかなか答えは見つけられませんでした。業界で権威と呼ばれる人に技術を教わっても、なぜ痛みが治らないのかの答えは出ませんでした。

そして感じたのは、「人間の動きはほとんど解明されていないのだ。だから自分自身で調べていくしかない」ということでした。

こうして私は患者さんのリハビリを通じて、「ひとつひとつの筋肉を単独で鍛えていく

と、どのように体が変化していくのか」を徹底的に観察し始めたのです。自分の体でも何度も試しました。そしてわかったのは、

○　人は使えない筋肉、弱っている筋肉は使わずに生活している
○　関節を安定させる（守る）筋肉は決まっており、それが根本的に弱りやすい
○　筋力は高齢者でもトレーニングをすればするだけ向上する

ということでした。腰が曲がっている高齢者はお尻の筋肉をほとんど使っていません。したがって、上半身を支えるためにはやむを得ず腰の筋肉を使う姿勢をとります。つまり**人は、使える筋肉を優位に使って動いています。そして、そのまま同じところを使い続ければ関節に負荷がかかって関節痛になったり、ケガをしたりすることに気づいたのです。さらに関節はひとつの筋肉では支えることができず、2つの筋肉がしっかり働いて初めて安定するという結論に至りました。この筋肉を鍛える運動が関トレです。**

ちょうどその時期、友人からの依頼もあり、彼が顧問をしている高校のバレーボール部でトレーナーとしての活動を始めました。顧問をしている彼は「部員のケガが多く、練習ができない」というのです。実際、約30人いる部員の半分は腰、膝、すねなどのオーバー

ユースが原因のケガにより練習ができない状況でした。そこで私は、高齢者と全く同じ内容のリハビリを練習前におこなったのです。すると部員たちからは「動きやすくなった」「パフォーマンスが上がった」「しっかり力が入るようになった」という声が上がり、関節の痛みで悩む部員は劇的に少なくなったのです。

こうして私は、**高齢者もスポーツ選手も持っている筋肉の構造は全く同じ**であり、立つ、歩く、ジャンプする、走るのに必要な筋肉は変わらない。**構造が同じである以上、関節が力を発揮できるメカニズムも同じ**であると考えました。そして腰の曲がった高齢者が痛みに耐えながら生活していることと、スポーツ選手がスクワットのときに腰が曲がってしまうことや、競技中にうまく動けないことは、原理が全く同じであるという結論に至ったのです。

関トレで、関節をしっかりと安定させる筋肉を単独で鍛えると弱っていた筋力が回復し、スポーツ選手なら練習をすればするほどパフォーマンスが上がっていく肉体をつくっていくことができます。一般の人であれば、スムーズに歩けるようになるなど、日常生活動作の改善につながるのです。

動ける体になるためには、弱っている関節を守る筋肉を徹底的に鍛えるトレーニングが必要です。本来トレーニングは、体を酷使するためではなくパフォーマンスを上げるためにおこなうものです。姿勢や動作を変えることも同様です。

関トレを実践してから、私自身、自分の体が変わっていくのを初めて実感することができました。体の動きのことを考えて10年、ようやく答えが見えてきたのです。体が変わるとは、姿勢や動作が変わり、パフォーマンスが変わるということです。自分の中では、小学生から現在に至るまでで、今が一番、剣道がうまいのではないかと思っているくらいです。

関節痛は国民病

男性は腰痛、女性は肩こりに悩まされている

関トレは、「階段を上り下りする際に膝が痛い」「朝起きて歩くときに、足首が痛い」「高いところにある物をとるとき、肩が痛くて腕が上げられない」など、**慢性的に繰り返される関節痛を解消する助け**になります。

腰痛などさまざまな関節痛に悩む人は少なくなく、原因がわからないケースも多くあります。関節痛は性別や年齢に関係なく、幅広い世代にみられる国民病といっていいかもしれません。

関節の痛みがいかに多くの人を悩ませているかを裏付ける調査があります。厚生労働省の国民生活基礎調査（平成28年）の健康状況の結果をみると、「性別にみた有訴者率の上位5症状（複数回答）」では、男性では1腰痛、2肩こり、3せきやたんが出る、4鼻がつまる・鼻汁が出る、5手足の関節が痛む、女性では1肩こり、2腰痛、3手足の関節が痛む、4体がだるい、5頭痛となっています。男女とも関節や筋肉の不調が最も多くなっています。さらに通院理由は、女性は腰痛が4番目に多く、男性でも5番目になっています。みなさんの中にも、腰痛で受診したものの、なかなか治らず痛みを抱えたままになっている人はいるはずです。整体やマッサージに通ってもなかなか改善しないケースも多く聞きます。

ロコモティブシンドロームという言葉を聞いたことはありますか？　これは骨や筋肉などの運動器が障害を受け、立つ、歩くといった機能が低下している状態をいいます。進行すると日常生活に支障が出て、要介護や寝たきりになるリスクを高めます。

関トレをすることは、関節痛を予防したり、改善したりするだけでなく、このようなロコモティブシンドロームになるリスクを下げることにつながります。

関節は壊れやすい器官

関節には強い負荷がかかっている

人間の体には約２００の骨と、約５００の筋肉があります。関節はそれらの骨や筋肉の動きの支点といえますが、関節痛をはじめ多くの人を悩ませるやっかいな器官でもあります。関節にはとても大きな力がかかっているので壊れやすく、痛みが出るのも仕方がないのです。

関節は運動するときの動きの支点になるといいましたが、関節、筋肉、重心は次ページの図のようにてこの原理で説明できます。人体のほとんどの関節はこの図で説明できます。

支点は人体でいえば関節にあたります。詳しく知る必要はありませんが、関節にはどのような力がかかっているかは知っておいてください。たとえば、肘を曲げる場合、肘関節が支点となり前腕と手の重さを支えています。力点となる肘を曲げる筋肉（上腕二頭筋）が、作用点のこの重さ分（両方の肘から指先まで約８kg）を引っ張っているのです。また、体の中で極めて大きな力がかかるのが股関節です。階段の上り下り、しゃがみこんだり、立ち上がったりするときには体重の２〜４倍の力がかかるとされます。

たとえば、歩くという動作は片足立ちの連続です。踏み出した足と反対側のお尻の筋肉（中殿筋）がしっかり働くことで、体をまっすぐにして歩くことができます。てこの原理でいうと、支点が股関節、全体重が作用点、体を引っ張り上げて体をまっすぐに保つ中殿筋が力点です。**体重が60kgの人が歩くとき、踏み出した足の股関節には、体重（60kg）とそれを支える反対側の足の中殿筋の力（60kg）を合わせた１２０kgの力がかかっている**のです（実際には、

図

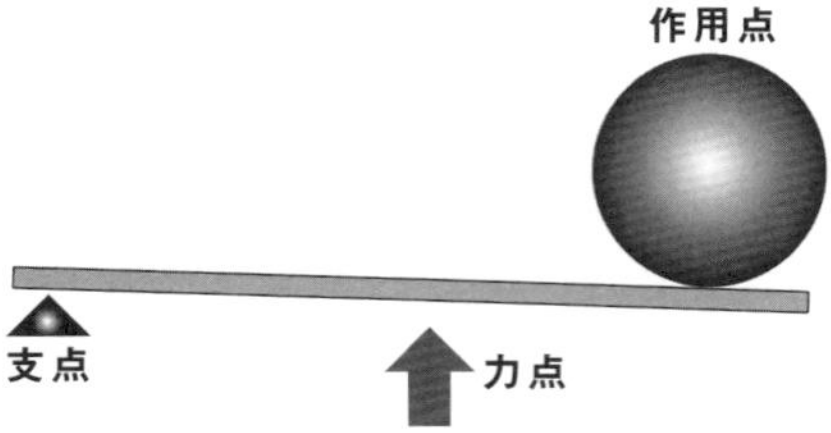

てこの原理でいうと、関節が支点、力点が筋肉で、重さが作用点となる。

関節との距離の問題もあるので、それ以上の力がかかっています。イメージしやすいように簡略して説明しています）。

もちろん体重が重ければ重いほど股関節への負荷は強くなります。運動やスポーツをする場合も同じメカニズムなので、さらに強い負荷が関節にかかってきます。

関節を守る筋力の低下が痛みの原因

関節を守る筋肉は誰でも落ちやすい

前述の厚労省の結果をみるまでもなく、私はリハビリの現場で、関節痛に悩む人がいかに多いのかをみてきました。特に多いのが膝、病名でいえば変形性膝関節症です。整形外科に行っても電気治療だけで改善の兆しがみえない。そこで整体やマッサージへ通う。それでもなかなか痛みはとれない……。一体どうすればいいの！というのが実情ではないでしょうか。年だから仕方がないと諦めてしまい、痛みを我慢して生活をしている人もいるはずです。

特に、痛みのせいで体が動かせず、したいこともできずに元気をなくしてしまう高齢者を大勢みてきました。関節の痛みは生活の質を落とします。高齢者でなくても、肩こり、首こり、腰痛などは日常的に感じるもの。こうした体の不調に悩まされイライラしたり、外出したくないと引きこもってしまったりするケースもあります。

繰り返しますが、**「腰が痛い」「膝が痛い」「肘が痛い」……こうした慢性的な関節の痛みは、軟骨がすり減るせいでも、加齢のせいでも、性別のせいでもありません。関節を守る筋力の低下が原因で起こるのです。だから筋力を取り戻せば痛みはなくなります。**

これは私の経験や研究などから導き出した結論です。関節を守る筋肉の低下は誰にでも起こるもので、人によって大きな違いはありません。関トレはその筋肉を鍛え痛みのない体にすることができます。

人間が持っている筋肉や関節、またその構造は、歩くのが困難な高齢者も、働き盛りの中高年も、子供も、トップアスリートも同じです。ですから、関節を守る筋肉を鍛える関トレは、高齢者もアスリートも同じ運動で効果を上げることができます。ダンベルやバーベルなどの器具は使わず自重（自分の体重）でおこなうものなので、スペースがあれば誰でも取り組めます。

では、現在の自分の関節を守る筋力はどうなっているのでしょうか。

それを知るのが巻頭で紹介した関節力チェック（14ページ）です。紹介したポーズがとれないのは、関節を守る筋力が低下しているサインです。すぐに関トレを始めることをおすすめします。ポーズはできないけど痛みはないから問題ないと軽くみて放置すれば、知らず知らず関節を守る筋力の低下が進み、痛みやこりにつながったり、運動やスポーツなどで強い負荷がかかったときにケガをしやすくなったりします。

関節を守る筋力が弱いと痛みやケガにつながる

動作能力の高い体はケガをしない体

それではここで、関節を守る筋力とケガやパフォーマンスの関係をみていきましょう。関節を守る筋力が低下すると、強い負荷がかかったときにそれに耐えきれず、筋肉が傷つくなどして痛みや疲れなどにつながります。また、日常生活での動作能力や、スポーツなどにおけるパフォーマンスを高めるには、関節を大きく曲げ伸ばしするダイナミックな動きが不可欠で、それを可能にするには関節を強く動かす力が必要です。関節を強く動かす力にはアウターマッスル（大殿筋や僧帽筋、腹直筋など体の外側にある筋肉）と呼ばれる大きな筋肉が関係しており、これらの筋肉は関節がしっかりと安定し、固定されて初めて力を発揮することができます。つまり、関節を守る筋力を高めれば、関節を強く動かす筋肉も安定した力を発揮できるのです。関節の痛みやケガは、関節を守る筋力が負荷に耐えられないとき、あるいは関節を動かす筋力が関節を守る筋力よりも高くなってしまった場合に起こります。

○関節を守る力＜負荷・関節を動かす力＝痛みやケガにつながる

関節を守る力より負荷・関節を動かす力が高ければ、関節はダメージを受け、慢性的な痛みやケガにつながります。動きが悪い、動きが重いのも関節を守る力の弱さからきます。

○関節を守る力≧負荷・関節を動かす力＝痛みやケガにつながらない

関節を守る力の方が負荷・関節を動かす力より高ければ、慢性的な痛みやケガにつながることはありません。また、速く、大きく、力強く動けるパフォーマンスの高い体を維持することができます。

読者のみなさんに目指してほしいのは、負荷や関節を動かす力よりも関節を守る力の方が高い状態です。そのためには**関節を安定させる力を高め、より高い負荷や強い関節運動に耐えられる関節の力をつける**ことです。これがパフォーマンスの高い体です。日常生活においては、関節運動が正常になり、さまざまな動きができるようになるので、疲れにくくなったり動作がスムーズになったりします。運動やスポーツでいうなら、いいプレーができる、速く走れる、ゴルフで飛距離が伸びる、ケガが少なくなるといったことです。

本書を読みながら、「自分は関節の痛みがないから筋肉は衰えていない」と思っている人はいませんか。これは半分正しく、半分間違っています。

理論的にいえば、関節を守る力が関節にかかる負荷より高ければケガや痛みは生じません。しかし、そもそも関節を守る力が極端に弱く、かかる負荷も低い、または、関節を動かす力も弱いといった場合はどうでしょうか？

高齢者に多いのが、立っているだけなら関節は痛くないのに、立ち上がるときに膝が痛い、あるいは重い荷物を持ったときに手首がうまく動かないというようなケースです。立っているときの負荷を1とすれば、立ち上がるときの負荷はそれ以上。この場合、関節を守る力は1の負荷には耐えられるものの、1以上の負荷には耐えられなくなって痛みが出るのです。高齢者の場合、日常生活での動作がすでに関節にとって過負荷になっているので、痛みが出たり関節が変形したりします。

高齢者以外でも学校や会社に遅刻しそうになってダッシュをしたり、階段を駆け上ったりして膝が痛くなったという人はいませんか？　立つ、歩くなどの日常動作の負荷は、関節を守る力よりも低いので問題ないのですが、ダッシュなどをして一時的に高い負荷が膝にかかると、それに膝が耐えられないためこうしたことが起こるのです。現在中高年の間で山登りやトレッキングがブームです。足腰を鍛えるために始めたという人もいます。しかし、登山の翌日に膝や腰が痛いといったこともあるのではないでしょうか。これも同様の理由からです。

では、アスリートの場合、ケガをしないのはパフォーマンスが高いからといえるでしょうか。これも同じで半分は正しく、半分は間違っています。ケガをしない人は、そもそも爆発的な力を発揮できないのでパフォーマンスが低いのです。逆にケガをする人は、関節が外れてしまうくらい強い力が発揮できる素質があるか、単に関節を守る力が弱いかのどちらかです。爆発的な力を発揮でき、関節も安定させられる筋力がある状態が、高いパフォーマンスを可能にするのです。

不安定な関節はこりや疲れの原因

同じ筋肉を使うことで疲れにつながる

関節の痛みのほか、筋肉のこりや疲れも日常的に感じる体の不調です。実は、**こりや疲れも関節を守る筋力の低下からきている**ことが多いのです。

関節を守る筋力があると関節は安定し、正しい姿勢をとることができます。関節を大きく動かせるようになり、周囲の大きな筋肉もバランスよく使えるようになるのです。しかし、関節を守る筋力が低下すると一部の筋肉が過剰に使われ、可動域が狭くなります。これがこりや疲れにつながります。人は使いやすい筋肉は無意識のうちに多く使うのですが、使いにくい筋肉は使いません。いつも疲労しやすい、同じところが筋肉痛になるのは、関節を守る力が低下して同じ筋肉ばかりを使っているからです。つまり、知らず知らずに偏った筋肉の使い方をしているのです。

たとえば、膝の関節を守っている内転筋や内側ハムストリングス（腿《もも》の裏）の筋力が低下したとしましょう。内転筋が弱くなるとハムストリングスが過剰に働くので、歩くときに膝が曲がります。腸腰筋の弱い人は大腿筋膜張筋という筋肉を使うので、外側に揺れながら膝が伸びた状態で歩きます。このように人は使える筋肉を使って動くので姿勢や動作に特徴があらわれるのです。**リハビリ用語ではこれを「代償動作＝トリックモーション」**といいます。こうした人は歩く、立つ、座るなどさまざまな日常動作も、すべて膝に負担がかかる動作となっています。

トリックモーションが起こっていたとしても、関節の痛みなどにつながらなければ動作の特徴ととらえられるだけで問題にはなりません。しかし、**トリックモーションは特定の筋肉を過度に使っているので、関節への負荷が高くなっています。**

いつも疲労しやすいところがあるのは、筋肉を使う場所が不均等になっている、つまりトリックモーションが起き、余計な負担が関節にかかっている証拠です。そのままにしておくと関節に痛みが出たり可動域が狭くなるなど、運動に支障が出てきます。

関トレによって関節を守る力が高くなると、トリックモーションが軽減されて、多用、過用している筋肉への負荷も低くなります。これによって筋肉がバランスよく働き、よい姿勢や動作につながります。

関トレで筋肉を使う割合が変わる

関節を守る力で運動の多様性を取り戻す

繰り返しますが、**関節を守る力が低下すると一部の筋肉が過剰に使われるようになります。言い換えるとこれは限られた運動しかできなくなるということです。**関節への負荷がかなり強くかかり、動きに制限がかかっている状態です。

これまで10の運動ができたのが、ひとつか2つの運動しかできなくなる、ある限定した動作しかできなくなる――私はこれを**運動の多様性がなくなった状態**といっています。

日常生活に置き換えてみると、スタスタ歩いていたのにスピードが遅くなり歩幅が狭くなった、重い物を持てなくなった、正座ができなくなったなど、これまでできていたことができなくなるのです。また、関節への負荷が強くなる運動やスポーツにおいて、運動の多様性がなくなることは、パフォーマンスの低下やケガにつながります。

関節を守る筋力がつけば姿勢や動作が変わり、一部の筋肉に偏らず、より多くの筋肉が使えるようになります。同じ動きでもよりたくさんの筋肉が共同して働くようになるので、疲労やこりは軽減し、可動域が広くなるのでさまざまな運動ができるようにもなります。動きのバリエーションが増えれば、特定の関節に負担をかけることもなくなります。アスリートはもちろんですが、一般の人でもパフォーマンスが高くなり、活動の幅がぐんと広がるはずです。

関トレには関節を守る筋力を強くするだけでなく、**筋肉が働く割合を変えて、運動の多様性を取り戻す効果**もあります。

後述しますが、姿勢や動作はその人が持つ筋肉量ではなく、筋肉が働く割合によって決まります。これがその人の動作の特徴や癖としてあらわれます。よく「ガニ股で歩いてはいけない」「あぐらをかいてはいけない」「足を組むのはよくない」などといわれますが、これらはしてはいけない動作ではなく、むしろいろいろな動作ができている証しです。運動の多様性が高い状態になっているのです。

ガニ股で膝が強くO脚に変形している人は内股で歩くことができません。また、座骨神経痛になる人はお尻の筋肉が硬く、足を組むことができません。ひとつの動作しかできなくなって運動の多様性が低くなることが問題なのです。

関トレで姿勢や動作を変える

姿勢や動作は筋肉量ではなく筋肉の働く割合で決まる

関トレが目指すのは、さまざまな姿勢や動作ができるようにすることです。悪い姿勢や動作から正しい姿勢や動作に変えるために重要なのは、筋肉の量ではなく、筋肉が働く割合です。そのために関節を支える筋肉を鍛えることが必要なのです。

筋トレのスクワットでは、股関節がしっかり曲がり、すねが地面と垂直になり、お尻とハムストリングスで重い上半身を支えます。このとき、腰や太腿の前にはあまり力はかかっていません。これが正しい姿勢です（次ページ写真参照）。この姿勢がとれないのは、股関

正しい姿勢は殿筋とハムストリングスに一番力がかかる。数字は筋肉にかかっている力の割合。悪い姿勢だと、殿筋やハムストリングスではなく、腰、太腿に力がかかる。

節を守る筋力が低いために、股関節を大きく曲げる動きができないからです。つまり、股関節がしっかり曲がっていないのです。こうなると筋肉の使い方が偏って、すねを垂直に保てず膝が前に出たり、後ろにひっくり返りそうになったりします。しかし関トレで股関節が安定すればお尻やハムストリングスがしっかり働き、筋肉はバランスよく使えるようになり、正しい姿勢をとることができるようになるのです。

痛みの原因を知る

理学療法士は、歩き方で筋肉を使っている割合がわかる

筋肉を使う割合は、歩き方にもあらわれます。なぜなら膝関節を守る筋肉は内転筋と内側ハムストリングスだからです。内転筋は股関節を内側に入れながら、股関節を後方へ伸ばす動作をおこないます。内転筋が弱るとそのような動作ができないので歩幅は狭くなり、ガニ股歩きになります。そして内転筋を、膝を曲げる筋肉である内側ハムストリングスがかばうので膝を過剰に曲げながら歩きます。ガニ股で歩くため腰が曲がります。これは典型的な変形性膝関節症患者（76ページ参照）の歩き方です。

内側ハムストリングスは、膝への衝撃をやわらげる作用があります。歩行中、かかとが接地する際に膝を軽く曲げるからです。内側ハムストリングスの筋力が低下すると、この緩衝動作ができないので、膝を最大限伸ばしたまま歩きます。リハビリ用語では「反張膝」と言います。反張膝になると腸腰筋も働きにくくなるので腰が反りやすくなります。どのような姿勢や歩き方になるかは程度によりますが、大きな特徴はこの2つです。

私はこのように歩行を分析し、関節の動きに異常はないか、あるいは痛みの原因はどこにあるかを知り、何をすべきかを明確にします。もちろん、筋肉や関節に触れたり動かしたりして、緊張しているかゆるんでいるかもチェックした上で最終的な結論を出します。

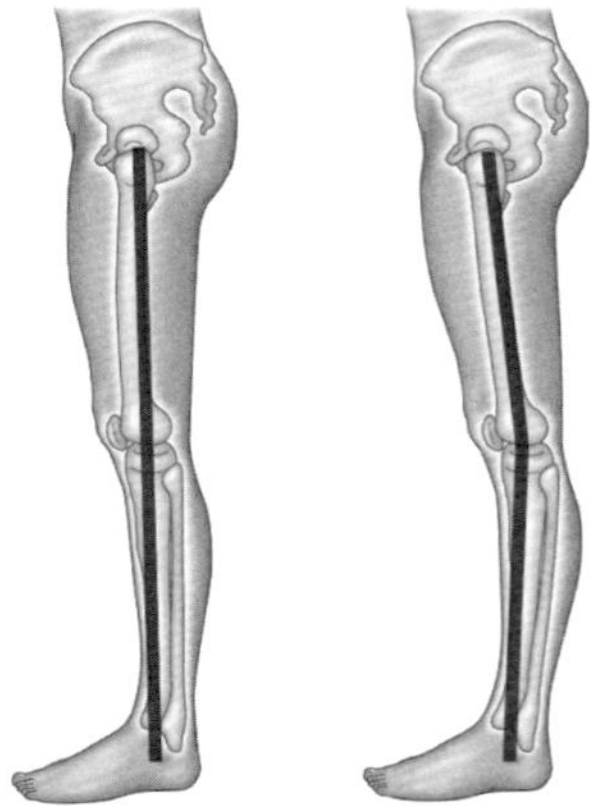

反張膝とは、横から見ると膝が反り返っている状態。正常な膝に比べ奥に入り込んでいる。

そして最も大切なのは、患者さんの体の悩みをなくすことです。姿勢や動作の専門家としてすべきことは、患者さんに痛みを引き起こしている原因をきちんと説明し、自分でも改善できると教えてあげることだと思っています。

体を内側から整える

お腹、お尻、太腿の引き締め効果も

関節の痛み、こり、疲れを解消し、ケガも予防するという関トレのメカニズムについてみてきました。関トレの効果はこれだけではありません。詳しくは第2章でも解説しますが、関節の運動が正常になり、筋肉をバランスよく使えるようになることで、さまざまな美容効果も期待できます。女性の間でも筋トレがはやっていますが、「シェイプアップされた体になるには、きついトレーニングがつきもの。体力に自信がない私は無理」と諦めている人もいるのではないでしょうか。でも関トレはダイナミックな動きはしないので、体力も、運動神経も関係なく、誰にでもできます。

では、関トレがもたらす美容効果とはどのようなものでしょうか。まず、コルセットの役目をする腹横筋をしっかり使えるようになるので、ポッコリお腹が引き締まります。また、大きな力を発揮するお尻の筋肉が使えるようになることで、お尻の脂肪が落ちて小尻効果もあります。さらに、太腿の筋肉もバランスよく使えるようになって体の線がすっきりします。動ける体になるので、疲れず動き続けることができ、消費エネルギーも多い代謝のいい体になります。つまり、やせやすい体になれるということ。このほかO脚や猫背の改善にもつながります。

また、骨盤は体の中心で全身を支える土台のような役割をしているのですが、筋肉が不均衡に使われることでゆがみます。関節を守る力をつけ、筋肉がバランスよく働くようにすれば、ゆがみは改善されます。人間の体は左右対称ではないので、筋肉の使い方に必ず偏りが出ます。骨盤のゆがみはあって当然。でも関トレで骨盤のゆがみを修正することは可能です。

また、関トレは出産後や子育て中の女性や更年期の女性の健康管理にも役立ちます。妊娠中は運動不足により筋力が低下、また出産後や子育て中は、家事や育児でお母さんの関節は酷使されます。こうした時期の体づくりにも関トレはおすすめです。

更年期になるとホルモンの関係もあり骨が弱くなる傾向があるので、この時期の丈夫な骨づくりをサポートする意味でも、これまでの経験上、関トレは有効だと思います。最近クローズアップされている尿漏れは更年期以降の女性だけでなく、出産後の女性の悩みのたねでもあります。関トレは骨盤底筋の強化にもなるので、こうしたデリケートな問題にも応えます。

関トレは筋トレとは違う

筋トレでは関節を守る筋肉を鍛えられない

筋トレは正しいフォームでおこなうことで効果が上がり、間違ったフォームはケガのもと、とよくいわれます。正しいフォームでおこなうことが大切なのは関トレも同じです。

では、関トレと筋トレはどう違うのでしょうか?

スクワットや腹筋など一般におこなわれている筋トレは、私は「動作のトレーニング」と言っています。スクワットは両足で地面を蹴るイメージの動作、腹筋は体幹を曲げる動作、背筋は体幹を反らせる動作、腕立て伏せは両腕で体を持ち上げる動作です。筋トレはこうした動作のトレーニングをしています。ここでは体の外側にある強い力を発揮する筋肉、よくいわれるアウターマッスルを鍛えます。**スクワットや腹筋運動などの筋トレでは、関節を守る筋肉を鍛えることはできません。一方、関トレは関節を守る筋肉だけをピンポイントで鍛えることができます。**

関トレで鍛える筋肉は、腸腰筋、多裂筋（腹横筋）のほか、内転筋、ハムストリングス、後脛骨筋《こうけいこつ》、腓骨筋《ひこつ》、前鋸筋《ぜんきょ》、菱形筋《りょうけい》、肩甲下筋、上腕三頭筋、橈側手根屈筋《とうそく》、尺側手根屈筋です。関節を守る筋肉がしっかりと働けば、自然に大きな力を発揮させる筋肉、腹直筋、大殿筋、僧帽筋、大胸筋などが働きやすくなります。たとえば歩くのもおぼつかない高齢者が股関節の関トレをすると、お尻の筋肉がどんどんついてきて、足腰に力が入るようになりしっかり歩けるようになるのです。歩幅も広くなりますし、歩くスピードも速くなります。

筋トレで体をしっかり鍛えている筋肉ムキムキのボディビルダーは関節を守る力が強いのかというと、必ずしもそうではないのです。ボディビルダーにはトレーニング中に肩を壊す人が多いのですが、これはバーベルを持ち上げるときに筋肉が働く割合が不均衡になり、関節が外れるような負荷がかかることで起こります。関トレで関節が安定していれば、強い負荷がかかっても正しい関節運動ができるのでケガのリスクが低くなるのです。私は関トレをすれば筋トレは必要ないと思っていますが、筋トレをする場合は、関トレで関節を守る筋肉を鍛えてから、筋トレのように大きな力を発揮する筋肉を鍛えるという順番でトレーニングをすると、ケガの予防にもなり効率がよいです。

関トレをするとその場で筋力がアップ

調子が悪い日は関トレでコンディショニング

関トレをおこなうと、その場で体が変わった実感を得られます。なぜなら**関トレをするとすぐに筋力が向上する**からです。関トレ直後に、腰痛がなくなった、膝痛がなくなったという声をよく聞きますが、これは関節を支える筋力が一時的にアップしたから。つまり、関節にかかる負荷を関節を守る力が上回ったので痛みを感じなくなったのです。

筋力の強弱は筋肉の太さだけで決まるわけではなく、脳からの命令の頻度も大きく影響しています。関トレは筋肉に最大限の力を入れておこなってくださいと伝えていますが、それは脳からの命令の頻度を高くするためです。筋力が筋トレ直後に変わるのは科学的に証明されており、これは一般の筋トレでも同様です。筋トレなどをする人の中には、たとえば重いダンベルを持った後に、勢いあまってペットボトルなどを持ち上げてしまった経験がある人もいるのではないでしょうか。これは一瞬で筋力がアップしたからです。

人は普段、筋肉が本来持っている力をすべて使っているわけではありません。１００％の力を出せば体は壊れてしまうからです。火事場のばか力とは、普段あまり使っていない筋肉が１００％近くまで働いた状態です。体には、本当は使えるのに眠っているパワーがあるのです。

そして筋力は1日で変化します。今日は調子よいとか、悪いとか感じるのは筋力が変化しているからです。スポーツでも「今日は手元が狂うな」「いつもより力が入りにくいな」と感じているときは、筋肉に力が入っていません。関節が不安定になり力強い動作ができなくなっているのです。日常生活でもなんだか調子が悪いというときは、体が動いていない証拠です。日々変わる筋力を調整するのに関トレは有効です。体のコンディショニングにもなります。一時的な筋力アップの効果は1～2日続きますが、関トレをやめると元に戻ります。ですから、週1回でもいいので関節を安定させる力の底上げのトレーニングを続けましょう。トレーニングをすれば90歳の高齢者でも筋肉を再生できると確認されています。つまり90歳でも筋力はどんどんつきます。なかなか筋力がつかないのは、トレーニングの仕方が間違っているからです。トレーニングは結果として動作や筋力に変化をもたらすもので、運動の質を変える、動きを変えるためにおこなうものです。つらいだけで動きが変わらないトレーニングは無意味なのです。

関トレは体の可能性を広げる

体が潜在的に持つ力を引き出す

何度も言うようですが、**関トレの目的は姿勢や動作を変えることです。そのためには筋肉が働く割合を変える必要がある**ということです。

次のページは、Ａが関節を守る筋力が落ちた場合、Ｂは関トレで関節を守る力をつけるとどうなるか、その流れをまとめたものです。教科書的なセオリーにとらわれずに独自に体を追究し、多くの経験をふまえつつ、自分の体でも試した結果、この理論に辿り着いたのです。関トレは、まだ使っていない、体が潜在的に持っている力を引き出します。

A

関節を守る筋力（2つの筋肉）が低下し関節が不安定になる

←

筋肉が働く割合が変わり、筋肉の使い方が偏る（姿勢・動作が悪くなる）

←

運動の多様性がない状態、限られた運動しかできなくなる（関節の可動域が狭くなる・筋肉や関節への負荷が増える）

←

ケガをしやすくなる・パフォーマンスが低下する

B

関節を守る筋力（2つの筋肉）がつき関節が安定する

←

筋肉が働く割合が変わり、筋肉をバランスよく使えるようになる（姿勢・動作がよくなる）

↓

運動の多様性がある状態、さまざまな動きができるようになる（関節の可動域が広くなる・筋肉や関節への負荷が減る）

↓

ケガをしにくくなる・パフォーマンスが高まる

コラム1

関トレは高齢社会の救世主になる!?

日本は4人にひとりが65歳以上という超高齢社会を迎えています（平成27年国勢調査）。高齢期に向けた備えの中でも健康は重要な要素です。年齢を重ねても元気でいたい、これは誰もが思うことでしょう。

そこで大きな問題となっているのが、平均寿命と健康寿命の差です。健康寿命とは日常生活に制限のない期間のこと。この差は、介護を必要とする「不健康な期間」を指します。平成22年の厚生労働省の調査によると、この期間は女性が約12年、男性が約9年です。介護が必要になった原因で比較的多いのが、大腿骨骨折といった障害です。骨折・転倒や関節疾患により骨や関節がダメージを受けることで寝たきりなどになり介護が必要になるのです。こうしてみると、健康寿命を延ばすためには、運動器の障害を防ぎ日常動作ができる体を維持することが大切だとわかります。

慢性的な関節痛や関節のケガは、関節が不安定になった結果、悪い姿勢や動作が継続されることで起こります。膝が痛くてバランスを崩した、あるいは足が上がらずつまずいたといったことで転倒するのです。関トレで関節を強くして正しい動作ができるようになれば、転倒や骨折、関節疾患などのリスクを下げることになります。関トレは健康寿命を延ばす手助けになると考えています。

また、高齢社会を支えるために重要なのが介護の担い手です。介護の仕事には女性が多く就いていますが、高齢者を抱えたり、移動させたりと、体格が小さい女性にとって体力的な負担は男性より大きくなります。当然、女性が耐えられる負荷は弱いので、仕事を続けることでケガをしやすくなったり、関節を傷めやすくなったり、健康にマイナス面も出てきます。介護の現場では、中腰でのおむつ交換や入浴介助など、重労働が多くなります。介護職の多くの人が腰痛に悩んでいるのではないでしょうか。

政府は介護職の人の腰に負担がかからないような設備や、介護ロボットの導入などをおしすすめていますが、まだまだ発展途上です。関トレは腰痛の改善だけでなく、腰痛にならない体づくりにも貢献します。介護職の人たちの健康を守る一助になるのではないでしょうか。関トレは、こうした個人の健康管理だけでなく、介護会社における福利厚生としても活用いただけるのではないかと思っています。

わたしの関トレ体験

「昔からコンプレックスだったO脚が治りました」(20代・女性)

「お尻がぼてっと大きいのが気になっていました。関トレをしたらお尻の無駄な脂肪が落ちて引き締まりました」(20代・女性)

「出産後、子供を抱くことが多くなってから肩まわりがこるように。手を下げていると腕がしびれてきて力が入らなくなりました。でも関トレをするようになってからは、気にならなくなりました」(20代・女性)

「首のまわりが痛く、日によって頭痛がひどいときがあったのですが、肩甲骨のトレーニングにより症状が改善しました」(30代・男性)

「足がむくんで治らないと思っていたら、足首が腫れていたのに気付きました。トレーニングしてからは腫れもむくみもなくなりすっきり」(30代・女性)

「肩が痛くて動かせない状態で毎日不便でした。でも、毎日関トレをしたことで今は全く痛みはなくなりました」(50代・男性)

第2章

関トレはこの症状に効く!

痛みをとる

内腿を鍛えれば痛みはなくなる

膝痛は軟骨のすり減りが原因ではない！

加齢に伴い、体にはさまざまな不調が出てきます。中でも増えるのが、関節の不具合や痛みです。腰痛や膝痛、肩こりなどに悩む方は多いはずです。私が以前勤めていた大阪の病院では、「立ち上がるのが怖い」「起き上がるのが億劫《おっくう》」「老後の楽しみにしていた旅行もできない」など変形性膝関節症で悩む高齢者をたくさんみてきました。

関節痛の中で特に多いのが変形性膝関節症で、患者数は全国で2500万人以上いるといわれます。関節の軟骨が弾力を失ってすり減り関節が変形する病気で、女性に多くみられます。日本だけでなく世界的にも多いようです。

変形性膝関節症の症状で多いのは、歩き始めに痛む、階段を下りるときに軸足が痛む、立ち上がるときに痛むの3つ。変形性膝関節症は高齢者に多い疾患ですが、病名がついていなくても、慢性的な膝痛に悩む人は多いはずです。**膝の痛みは軟骨がすり減ることで起こると思っている方もいると思いますが、それは違います。実は膝関節を安定させる筋力の低下が根本的な原因**です。筋力が低下すると膝関節への負担や筋肉がついている腱《けん》、靱《じん》帯《たい》へのストレスが増え、それが炎症を引き起こして痛みが発生します。

膝関節を守る筋肉は太腿の内側の筋肉である内転筋と、太腿の後ろ側の筋肉であるハムストリングスの内側の筋肉です。この2つの筋肉がしっかり働いていれば膝に余計な負担がかからず、膝関節は正しく動きます。57ページでも触れましたが、変形性膝関節症の人は、膝がピンと伸びず曲がってしまったり、あるいは腰が曲がってしまったりして、特徴的な歩き方をします。膝関節が正しく動かないからこうした歩き方になるのです。慢性的に膝が痛いなら、膝の関節を守る力を高める関トレで筋力をつけることが重要です。**高齢者だけでなく中高年の膝痛も、アスリートで膝痛を持っている人も、鍛えるのは膝の関節を守る筋肉です。**しっかりトレーニングをすれば膝は安定し歩き方も変わり、痛みは軽減します。

痛みをとる

股関節が安定すると腰痛は治る

腰痛はマッサージではよくならない

腰痛は病気ではなく、腰の痛み、張りなどの不快感や違和感といった症状の総称で、膝痛と同様、加齢に伴い増えます。上半身を支える、バランスをとるなどいくつかの働きを担う腰。ここにはどのくらいの力がかかっているか知っていますか？　姿勢別にみると、立っているときの腰への負担を１００とすると、仰向け寝は25、横向き寝は75、椅子に座るは１４０、立って前傾は１５０。立ち姿勢よりも、椅子に座る姿勢の方が多くの負荷がかかっているのはちょっと意外ですね。慢性的な腰痛をとろうとマッサージや整体に通っている人は少なくありませんが、ケアしてもまた痛くなって、再度マッサージ……と、この繰り返し。**マッサージは腰痛の根本的な対策にはなりません。**

重要なのは、股関節を安定させることです。

腰は腰椎と呼ばれる5つの骨がブロックのように積み重なって構成されています。股関節と腰は近くにあり、動作のときにはほぼ一緒に動くので、股関節が不安定だと腰への負担も大きくなり、使いすぎて痛みが出ます。つまり、腰痛改善のためには、股関節を安定させることが重要というわけです。股関節を安定させる筋肉は、腰椎・骨盤と大腿骨をつなぐ腸腰筋と、腰椎の後ろにある多裂筋（腰の最も奥にあり、腰の安定に関わる筋肉）の2つです。この2つの筋肉を強くすることで股関節が安定し、腰を守る力も高まり腰痛が緩和されるのです。ですから、関トレでは股関節と腰はコンビでとらえます。

お尻の筋肉である大殿筋を強くすれば腰痛予防に効果的といわれています。これは誤りではないのですが、**大殿筋は、そもそも腸腰筋などの股関節を安定させる筋肉が働いて初めて使えるようになる筋肉です。**腸腰筋が弱いまま筋トレなどで大殿筋を鍛えても、効果は薄いというのが私の考えです。腸腰筋と多裂筋の2つを鍛えることで、股関節と腰の2つの関節を同時に安定させます。

痛みをとる

股関節が安定すると ぎっくり腰を防げる

腹筋や背筋だけを鍛えても再発する

重い荷物を持ち上げたとき、前かがみになったとき、くしゃみをしたときなど、ぎっくり腰はちょっとした動作がきっかけとなって起こります。性別や年齢に関係なく起こり、体力に自信がある、あるいはスポーツが得意という人にもまれではありません。

腰椎の前側には腸腰筋がついており、後ろ側には多裂筋がついています。前述した通り、この2つの筋肉がバランスよく働いて初めて腰は安定します。**ぎっくり腰になる人はこの2つの筋肉のバランスが崩れ、腰椎まわりの多裂筋が過剰に働き出し、過緊張になりやす**

い状況になっています。そんな状態で瞬発的にひねったり、重い物を持ち上げたりしたときにぎっくり腰は起きます。ぎっくり腰は急性の腰痛ですが、なぜ突然痛み出すかについてははっきりとわかっていません。股関節と腰椎の関係でいえば、股関節が不安定だと腰椎に負担がかかります。ぎっくり腰を繰り返す人は股関節を安定させる筋肉が弱っているともいえます。

ぎっくり腰で治療を受けにやってきた患者さんには、その人の姿勢の特徴に合ったもので、痛みが出ない範囲でどの関トレで治療をおこなうか決めています。急性期にはどのような動作がきっかけでぎっくり腰を起こしたかによって、鍛えるのは多裂筋なのか、それとも腸腰筋なのかが変わってきます。それを見極めないと逆に痛みを助長してしまうケースもあるからです。

ぎっくり腰を予防するために腹筋や背筋を鍛えている人もいますが、その前にすべきことは股関節や腰を守る腸腰筋、多裂筋の強化です。多裂筋だけを鍛えると腰が反りやすくなり、腸腰筋だけを鍛えると相対的に多裂筋は弱くなり腰が曲がっていきます。両方の筋肉をしっかり強化してください。

痛みをとる

股関節痛には腸腰筋と多裂筋（腹横筋）の強化を

腸腰筋と多裂筋を使う割合を均等にする

股関節痛や股関節の違和感は女性に多くみられます。特に女性は男性よりも骨盤が広く、関節が浅い傾向にあるという構造状の問題やホルモンの関係などがあり、股関節痛を引き起こしやすいとされます。股関節の痛みは、多くは歩行時など股関節を動かしたときに感じます。足の付け根から太腿に感じることが多いようですが、お尻から膝にかけて感じることもあるようです。足を引きずったり、足の長さが左右で違ってきたり、といった症状も出てきます。

股関節は太腿の骨の先端にあるボール形の骨頭と骨盤側のおわん形のくぼみ（寛骨臼）が組み合わさった臼関節です。この部分がくるくる回ることでさまざまな複雑な足の動きが可能になります。

股関節の痛みが生じるのは、前側、後ろ側、そしてお尻の横の中殿筋といわれる部分です。**股関節の痛みは腰椎・骨盤と大腿骨をつなぐ腸腰筋が働きすぎ硬くなることで起こります**。中でも座骨神経痛は股関節の後ろ側に痛みが出ますが、これはお尻の中央部にある細長い筋肉の梨状《りじょう》筋が硬くなって座骨神経を圧迫するからです。この場合は腸腰筋が弱いことが原因です。腸腰筋と多裂筋（腹横筋）の2つの筋肉をバランスよく鍛えれば、股関節周囲の筋肉がゆるみます。偏った使い方を改善すれば痛みは軽減されます。

股関節の障害を引き起こす病気として多いのが、変形性股関節症です。こうした病気が原因で、人工関節に置き換えるケースは少なくありません。また、高齢者の場合、太腿の付け根の骨折が原因で、股関節に人工関節を入れることが多いです。更年期以降の女性に多くみられます。関トレは股関節の機能の衰えの予防にもなります。股関節の運動の多様性を保つことを心がけてください。

痛みをとる

肩甲骨の関節が強くなると肩こりを解消できる

血行不良は肩こりの根本的な原因ではない

肩こりは老若男女、誰もが日常的に経験します。原因は諸説ありますが、結論からいうと、**肩こりも筋力の低下が原因**です。肩こりはマッサージをすれば筋肉の血行がよくなり一時的に改善しますが、またこってしまいます。腰痛と同様、マッサージは根本的な解決策ではありません。また、同じ姿勢を長時間とることが原因ともいわれますが、どうも根本的な原因ではないようです。長時間同じ姿勢でいても、肩がこらない人もいます。

では、なぜ肩の筋肉が硬くこってしまうのでしょう?

これを考えて辿り着いた結論が、肩こりは肩甲骨の関節（肩甲胸郭関節）を守る2つの筋肉、菱形筋と前鋸筋がうまく働かなくなることで起こるということでした。よく聞く筋肉名ではありませんが、肩甲骨を動かし守る重要な筋肉です。菱形筋は僧帽筋よりも奥にあり前鋸筋は肋骨《ろっこつ》の脇側にあります。菱形筋が弱くなると、肩甲骨を背中の中心に寄せたり、上げたりする力が衰え、その代わりに肩甲挙筋という肩の筋肉が多く使われ硬くなります。一方の前鋸筋が弱いと、肩甲骨が外側に引っ張られやすいので菱形筋が硬くなり肩こりになるのです。肩関節（肩甲上腕関節）を守る力が低下すると、肩こりのほかに、高いところにあるものがとれない、手が後ろに回らないということにもなります。また、首を寝違えることが多くなったり、肩の痛みが出てきたりもします。特に肩が炎症を起こして痛くなり、寝付けなくなる人も多いのです。肩こりに悩む人には肩甲骨の関トレを習慣にしてください。

また女性に多いのがルーズショルダーといわれる症状です。腕を上げると肩に激痛が生じたり腕がしびれたりして、五十肩に移行しやすくなります。こうした肩の痛みにも肩甲骨の関トレは有効です。肩甲骨と肩は一緒に動くものなので、肩こりの原因が肩甲骨の関節ではなく肩関節にあることもあります。肩関節の関トレも一緒におこなうと効果的です。

痛みをとる

肩甲骨周辺の筋力アップで首こりも解消できる

首の痛みは〝枕が合わないから〟ではなかった

頭の重さは体重の約10％といわれています。たとえば体重60kgの人の頭部の重量は約6kg。それを支えているのが首です。よい姿勢のときは、純粋に頭部の重さだけが首にかかりますが、本を読んだり、パソコンを操作するなど頭を前に傾けるとその負荷は強くなり、首の筋肉は過剰な緊張状態を強いられます。さらに、首は頭と体をつなぐ神経や血管が集まっているデリケートな部分です。それだけに首まわりの筋肉が硬くなると神経や血管は悪影響を受けて、自律神経系の症状を引き起こすこともあります。

私もこれまで、患者さんの首の痛みや不具合を改善しようとさまざまな運動を試しました。しかし**首を動かす運動をしても首まわりの筋肉のこりは改善しなかった**のです。首の筋肉は何をすればやわらかくなるのかを調べていったところ、**肩甲骨の関トレをおこなうと、首の症状が軽くなる**ことがわかったのです。

前鋸筋が弱くなると、小胸筋という筋肉が過剰に働き両方の肩甲骨が外側に引っぱられるので、菱形筋にはさまれるような形で胸郭が圧迫されます。そして、胸から首にかけてあるカーブがなくなりどんどんまっすぐになります。すると斜角筋という筋肉が引っ張られ神経が圧迫されるなどして首こりになります。ですから関トレによってバランスよく筋肉を使えるようにすることが必要です。

首がヘルニアで痛くて手術をする予定の女性の患者さんがいましたが、肩甲骨の関トレで治療したところ痛みがなくなり、手術を避けることができました。

また、朝起きたら首が痛い……そんなときは寝違えた？　枕が合わないのでは？　と疑う人は少なくありません。実は**枕が合わないのではなく、自分の首が硬くなっているだけ**です。寝違えることが多くなったと感じたら、肩甲骨の関トレをおこなって様子をみることをおすすめします。

痛みをとる

足首が安定すればこむらがえりは起きない

後脛骨筋と腓骨筋を鍛えれば足はつらない

運動中にちょっと姿勢を変えたとき、寝ているときに少し伸びをしたときなど、突然、足がつってしまった経験はよくあると思います。これは筋肉が収縮を起こして伸びなくなった状態です。筋肉疲労や血行不良、ミネラルバランスの乱れが大きな原因とされます。よくつるのはふくらはぎと足裏です。どちらも**足首を守る筋力が低下して、足趾**《そくし》**（足の指）の筋肉だけが過剰に働いてしまうことが原因**です。足首を守るのが後脛骨筋と腓骨筋です。腓骨筋が弱くなると土踏まずが浮きやすくなり、その分、母趾球（親指の付け根の筋肉）に力が入りやすくなって足裏がつります。後脛骨筋が弱くなると小趾側がつりやすくなります。長時間歩いたときや立ちっぱなしなどによって足が疲れるのも一因です。

寝ているときでもよく足はつります。つりやすい人は母趾を少し下げただけでつります。ひどくなると、寝返りを打つときにベッドや布団を蹴る動作をするだけでつるケースもあります。

ふくらはぎや足裏がよくつるようになったら、足首の関トレとアキレス腱のストレッチをおこなってください。足がつったときには収縮した筋肉を伸ばせば痛みはなくなります。

ふくらはぎや足裏のほかに、ハムストリングスがつる人も多いようです。ハムストリングスがつるのは、内転筋の筋力が低下し、ハムストリングスが過剰に働いているからです。走っていて足を前に振り出したときや、足を地面についた状態から後方に蹴り出すとき、ハムストリングスがブレーキをかけたり、前に進む強い力が働いたりするときに発生します。スポーツでは、短距離走、野球、ラグビー、サッカーに多くみられます。この場合、膝の関トレで内転筋をしっかりと鍛えて、ハムストリングスが伸びる環境をつくれば、つりにくくなります。

痛みをとる

ガニ股には多裂筋（腹横筋）の関トレが有効

男性は多裂筋、高齢者は多裂筋と内転筋も弱っている

男性に多いのがガニ股歩きです。これも動作の特徴のひとつなので痛みなどの症状が出ていなければ、必ずしも歩き方を変えなくても問題はありません。第1章でも触れましたが、問題は運動の多様性がなくなりガニ股歩きしかできなくなることです。

ガニ股の人は多裂筋が弱いため腸腰筋が働きすぎています。腸腰筋は腰椎・骨盤と大腿骨をつなぐ筋肉です。歩くときに腸腰筋がしっかり伸びることで足が後ろに行くので、前への足の振り出しが楽になります。しかしガニ股の人は腸腰筋が緊張のしっぱなしで硬く、

しっかり伸びません。歩くときに足が後ろに行きにくいので、足先が外側に逃げるような歩き方になります。ガニ股歩きの人が気を付けたいのは、筋力が落ちてきたときや、スポーツのような強い負荷の運動をおこなうとき。股関節により強い負荷がかかると、さらに腸腰筋が硬くなり、関節の前側が硬くなって痛みなどを生じやすくなります。

腰と股関節の関トレをすれば、多裂筋や腹横筋が強くなるので腸腰筋の緊張がしっかりほぐれ、股関節に負荷がかからないような動作ができるようになります。ガニ股歩きの人にとって内転筋やハムストリングスを強くする膝の関トレは、膝痛の予防対策にもなります。

また、**高齢者に多いのが多裂筋に加えて内転筋の筋力も低下して変形性膝関節症になってしまうケース**です。内転筋が弱くなると膝関節に負担が強くかかってしまい、ひどくなると膝に痛みが出ますが、こんなときは膝の関トレで痛みはやわらぎます。まとめると、

- **その人の持つ特徴であり必ずしも治さなくてもよい**
- **高齢者ではひとつ以上の筋肉が弱くなっている**
- **強い負荷がかかると運動の多様性が失われる**
- **股関節や膝の関トレが有効**

ということです。

痛みをとる

手首を強くすれば指の痛みを解消できる

女性に多い指の関節の腫れや関節痛がなくなり動きもスムーズに

中高年以降の女性に多くみられるのが、手のひらを大きく広げることができない、指の関節が痛い、腫れるといった指のトラブルです。こうなると、ペットボトルの蓋《ふた》を外したりドアノブを回したりといった日常生活にも支障が出ます。こうした指の痛みの多くは手首を守る筋力の低下が原因で起こります。第一関節が腫れたり変形したりする症状を「ヘバーデン結節」、第二関節が腫れる場合を「ブシャール結節」、親指の付け根が腫れるのを「母指CM関節症」と言います。

手首が弱いとは、手首を守る尺側手根屈筋と橈側手根屈筋がしっかりと力を出せない状態にあるということです。尺側手根屈筋は小指の下の骨（豆状骨）につき、小指（小指球筋）と手にある小さな筋肉（手内在筋）が力を発揮できるようにしています。手の筋肉は、親指のふくらみをつくる母指球筋、小指のふくらみをつくる小指球筋、手のひらのへこみにある中手筋群に分けられます。橈側手根屈筋は親指側の手首の細かい骨につながっていて、これも親指の関節を安定させて、親指を動かす母指球筋（母指対立筋）の力が発揮できるようにしています。親指と人差し指で何かをつまむ動作をするときも、この筋肉が使われます。このように手の細かい筋肉がしっかりと働けば、指を動かす力が大きくなり、指を広げられるようになります。本書の巻頭の関節力チェックでも手を開いたり握ったりするテストがありましたが、指を動かすことで手首の強さをみているのです。指先での細かい作業ができるのは手の筋肉が発達しているからですが、こうした**繊細な動きを生む手の筋肉がしっかりと働くには、手首を守る筋力が必要**なのです。

手首にサポーターをすると手首の筋肉を圧迫して働きやすくなります。一時的に痛みが緩和するなど、不具合はなくなりますが、サポーターを外せばもとに戻ってしまいます。関トレで手首を守る力をつけ、サポーター不要の体を目指してください。

痛みをとる

関トレは成長期の子供の関節を守る

成長痛の痛みの軽減や「オスグットシュラッター病」にも効果的

成長痛は成長軟骨の部分で障害を起こす病気で、急激に身長が伸びる成長期の子供にしばしばみられます。かかとや膝など痛む部位はひとつではありません。痛みの出方もさまざまで、夕方や夜に痛くなるケースや、寝ているときに痛くなることもあるようです。

成長痛で病院に行っても、そのうち治るからと適切な対応をされずに放置されることもあるとよく耳にします。こうした事情から、痛みを緩和してくれる医師を求めて病院を次から次へと変えるケースは少なくありません。

成長痛は発育に伴い手足の骨が長くなった際に、上半身や下半身の重心が体幹からどんどん離れていくため、関節から各重心までの距離が長くなり、関節への負担が一気に大きくなることで起こります。シーソーは末端に座れば座るほど、シーソーを動かす力が強くなります。てこの原理でいうと、支点（関節）から作用点（体重）までの距離が長くなればなるほど力を発揮しなければいけなくなります。成長期は、重たい物が遠くにあるのに関節を動かさないといけない状態にあります。このとき関節を守る力が弱ければ当然余計な筋肉がつっぱって、大きな動きができません。この状態で筋肉を使いすぎるので関節痛が引き起こされるのです。**膝や股関節の関トレで関節を安定させていれば、足を動かす際に余計な筋肉を使わなくてすむので、成長に伴う膝の前面の痛みは軽減されます。**

膝の成長痛を引き起こす疾患のひとつが、オスグットシュラッター病です。これはオーバーユースによる成長期のスポーツ障害の代表です。太腿の前の筋肉（大腿四頭筋）から膝のお皿を介してつながるすねの骨（脛骨）の軟骨がはがれることで起こります。赤く腫れたり、熱を持ったりします。休んでいると痛みがなくなりますが、スポーツを始めると痛みが再発するのが特徴です。オスグットシュラッター病の症状をやわらげるには、ストレッチが有効といわれますが、膝や股関節の関トレを取り入れることもおすすめします。

痛みをとる

リハビリで関トレをすると回復が早まる

脳卒中の後遺症、骨折のリハビリに関トレは有効

私は、脳卒中の後遺症を持つ患者さんや骨折後の患者さんのリハビリも担当しています。脳卒中の患者さんの場合、空間認知機能や言語・思考機能に障害が起こる高次脳機能障害でない限り、関トレで運動機能は改善する傾向がみられます。脳卒中発症後の回復状況は高齢者ほど悪いので、関トレで少しでもそれを改善したいという思いがあります。一般的にリハビリは、発症から治るまでの期間を3つのステップに分け、発症直後の急性期、回復期、維持期と呼んでいます。急性期は脳の神経が傷ついて全く動けない状態で、3つの

ステップの中で機能回復が一番難しいとされます。**急性期から脱して最も機能が回復しやすい回復期に入ったときに関トレを取り入れると機能回復のスピードが速くなる**ことが、私の経験ではみられました。ただし、麻痺が強くて関節が動かせない場合、言葉が理解できないほど認知症が進行している場合は、関トレでの改善のスピードは遅くなることが考えられます。

また、骨折後のリハビリでも関トレは有効です。高齢者の入院で多いのは、大腿骨頸部《けいぶ》骨折、腰椎の圧迫骨折、手首の骨折です。これは転倒して、とっさに手をついた、あるいは腰やお尻を強く打ったときに起こります。転倒以外でも、ベッドでの寝返り時の転落などが骨折の原因となっています。高齢者の大腿骨頸部の骨折では手術となることが多く、術後すぐにリハビリを開始するのが一般的です。傷口の痛みは1～2週間でとれるので、骨は癒合しているのに1カ月以上経ってもまだ痛くて歩けない場合は、ほとんどが筋肉のつっぱりによる痛みが原因です。

骨折後のリハビリを関トレでおこなうと、関節を支える筋肉の量が増え、本来働くべきところが働きやすくなり関節も安定し、筋肉のつっぱりも出にくくなります。そのため、リハビリを楽にすすめることができます。大腿骨頸部骨折で人工関節にするケースもあります。人工関節のリハビリの場合も、筋肉が硬くなり痛みが出てくるので、関トレによるリハビリで機能回復の治療に取り組んでいます。膝の人工関節の場合も同様です。

疲れない体をつくる

関節が強いと疲れにくくなる

筋肉をバランスよく使えるので疲れない

長時間歩くと疲れる、歩くと太腿や腰が張りやすくなった、翌日に疲れが残る……。実はこんな疲れも関節が弱くなることで引き起こされます。疲れの原因を、関節の筋力が落ちているからと考える人はあまりいないのではないでしょうか。

関節を守る力が低下すると、なぜ疲れやすくなるのでしょうか。第1章でも触れましたが、関節を守る力の低下で筋肉の使い方が悪くなると、弱い筋肉は使わずに使える筋肉ばかりを使うことになります。そのため、使いすぎている特定の筋肉だけが疲労して、疲れやすくなるのです。

そこで体力をつけなければと、ウォーキングやジョギングなどの運動を始める人もいると思います。こうした有酸素運動は心肺機能を高める効果もあるので、継続することで疲れにくい体づくりにつながります。ただし、関節が弱いまま取り組むと、体力をつけるどころか関節痛を引き起こす可能性もあります。ウォーキングやジョギングは日常生活の動作よりも関節への負荷が高くなります。それに関節が耐えられなければ痛みやケガにつながります。**関トレでより高い負荷に耐えられる体、そして正しい動作ができる関節をつくってから、ウォーキングに取り組みましょう。**そうすれば運動効果も高くなります。

筋肉が張っている、体がだるい、体が重いと感じたら、関節を守る力の低下を疑って、まず関トレを日課にすることをおすすめします。首や背中が張っているようなら骨盤や肩甲骨が原因です。重い荷物を持つことが億劫になった、あるいは手が後ろに回らなくなったなら肩関節や肩甲骨の関トレ、立ち仕事の多い人で足のつりや、足のむくみに悩まされるなら足首の関トレを。本書の第3章で6つの関節の関トレを紹介していますが、上半身の疲れには上半身の関トレ、下半身の疲れには下半身の関トレをおこなってください。

疲れない体をつくる

筋肉がリラックスするとストレッチ効果が高まる

弱っている筋肉が強くなると、緊張していた筋肉がゆるむ

体のやわらかさは若さのバロメーターと、柔軟性を高めるために毎晩ストレッチに専念している人もいるのではないでしょうか。ストレッチ専門のジムも登場しており、健康維持のためにストレッチを生活に取り入れる人もいるようです。

そもそもストレッチの効果を得るには筋肉をしっかり伸ばす必要があります。筋肉がゆるんでいれば、ストレッチをするとゴムのようにぐーんと伸びていきます。しかし、緊張して硬い筋肉は常時引っぱられているゴムの状態と同じ。外力に任せて伸ばそうとすれば

関節が外れるようなストレスを受けます。そのため体は筋肉を硬くして大きな関節運動を起こさないようにします。これは一種の防御反応です。この状態でストレッチをしても効果は得られません。**関トレで筋肉の使う割合をベストな状態にすれば、今まで過剰に働いていた筋肉がゆるみます。**したがって、ストレッチ前に関トレをするのがおすすめです。

本書で紹介する関トレによってゆるむ筋肉は決まっており、〇〇筋をトレーニングすると〇〇筋はゆるむという関係になっています。以下、それぞれの関係を記します。

- **腸腰筋・内側ハムストリングスのトレーニング…大腿筋膜張筋・大腿直筋・腰方形筋・梨状筋・多裂筋がゆるむ**
- **多裂筋（腹横筋）・内転筋のトレーニング…外側広筋・深層外旋筋・腸腰筋・ハムストリングス・中殿筋がゆるむ**
- **後脛骨筋のトレーニング…小趾《しょうし》球筋群・腓骨筋・前脛骨筋がゆるむ**
- **腓骨筋のトレーニング…母趾球筋群・後脛骨筋・前脛骨筋・長趾伸筋がゆるむ**
- **前鋸筋・肩甲下筋のトレーニング…斜角筋・小胸筋・烏口腕筋・大円筋・菱形筋がゆるむ**

- **菱形筋・上腕三頭筋長頭のトレーニング…肩甲挙筋・胸鎖乳突筋・小円筋・大胸筋がゆるむ**
- **橈側手根屈筋のトレーニング…長母指伸筋、示指伸筋、腕橈骨筋がゆるむ**
- **尺側手根屈筋のトレーニング…長母指外転筋、指伸筋がゆるむ**

逆にいえば、どこの筋肉が硬いかによって弱くなっている筋肉がわかるのです。私は患者さんに、硬くなっている筋肉はどれか、関トレ後に筋肉がしっかりゆるんでいるかの確認の意味でストレッチをおこなってもらっています。

足首を強くして足のトラブルを解決

腰や膝の痛みは足首を守る筋力の低下が原因のことも

足首は後脛骨筋と腓骨筋の2つの筋肉がバランスよく働くことで安定します。足首が安定すると、かかと、足の指の付け根、つま先の3点で着地できるようになり、足裏が地面にまっすぐつく正しい歩き方になります。

しかし、足首を守る力が低下すると、歩き方に特徴が出ます。後脛骨筋が弱くなると土踏まずが低くなり、ペタペタとペンギンのような歩き方になります。腓骨筋が弱ければ、外側（小指側）に体重がかかりやすくなるなどして、かかとの外側が擦れたり捻挫しやすい状態をつくってしまったりします。このように、使う筋肉に偏りが生まれて足裏を地面にまっすぐつけなくなると、**捻挫しやすくなるだけでなく、足裏にマメや魚の目ができて痛くなる、土踏まずのあたりが硬く長時間歩くと疲れる、靴ずれしやすいといった足のトラブルに見舞われる**こともあります。

これまでの経験からいうと、足首を守る力が弱い人は、どちらかというと腓骨筋が弱いタイプが多く、小指側にタコができやすい人が多いようです。こうしたタイプの場合、土踏まずが浮きやすく母趾球が地面を強く押さえようとして硬くなり、疲労しやすくなります。親指や中指の付け根あたりに負荷がかかり、硬くなるのも腓骨筋の筋力の低下が理由として考えられます。足の指が開きにくい、足の指が反ってしまう、足の指に力が入らない、足の指が変形しているといったことも足首が弱っている証拠です。

足裏のトラブルの対策としてインソールを活用する方もいますが、これは根本的な解決策とはいえません。足首の関トレをおこない、しっかり足裏が地面につくようになれば足のトラブルは減っていきます。

足裏をまっすぐにつけないと太腿の裏の筋肉が働きにくくなり、膝や腰の痛みなどを生じるリスクが高くなります。足首の強化は膝や腰を守ることにもつながります。

疲れない体をつくる

手首を鍛えれば握力が強くなる

蓋も楽々開けられる！ つまむ、つかむ動作もスムーズ

ペットボトルやジャムの蓋が開けづらい、調理中フライパンを片手で振るのがつらい、包丁をしっかりと握れないなど、年齢を重ねると家事などの日常動作を通して握力の低下を感じます。このとき、指に原因があるのではないか？と多くの人が感じます。

ですが、**握力の低下は手首を安定させる肘までの筋力の低下が原因**です。くるみを手で握ったり、こぶしをぎゅっと握ったりする運動は、握力をつける運動としては有効とはいえません。握力アップには手と手首から肘を鍛える関トレが有効です。

物を握るためには指がしっかり動く必要があります。でも指には筋肉がありません。筋肉がないのに指が動くのは、腕の筋肉が手の腱とつながっているからです。手を開いたり閉じたり、指を曲げたり伸ばしたりしたときに、自分の腕をよく見てください。手首から肘の間で筋肉がピクピク動いているのがわかります。

手首を強くするために重要なのが、尺側手根屈筋と橈側手根屈筋で、手首の関トレをすればこの2つの筋肉が強くなり握力がつきます。また、握るだけでなく、つまむ、つかむといった動作もスムーズにおこなえるようになります。

手首の病気で多いのが腱鞘炎《けんしょうえん》です。**手首が弱いと代わりに指が働きすぎるため起こります**。手首を使うときの負荷よりも手首の関節を守る力が高ければ腱鞘炎にはなりません。

また、指が伸びにくくなるのも手首の関節が弱くなっているサインです。女性は指の節が腫れ関節が変形する人が多いです。これも手首の筋力を補おうと指の筋肉が過剰が働いて、指の関節に大きな負担がかかるからです。

手首の関トレは握力アップだけでなく、肘の痛みを改善したり、肘の動きをよくしたりします。手首や肘の関節が強くなると腕に余計な負荷をかけなくなるので、重い荷物を持つのが楽になり腕も疲れにくくなります。

疲れない体をつくる

腹横筋が働くと自然と腹式呼吸になる

横隔膜が働きやすくなり、呼吸するのが楽になる

リラックスすることに意識を集中させる瞑想法《めいそう》「マインドフルネス」に注目が集まり、呼吸の効用がいわれています。呼吸には心を落ち着かせる、ストレスを解消する、血行をよくする、不調を改善するなど、心身の健康に効用があるとされます。呼吸で重要な役目を担っているのが横隔膜です。これは肋骨の下にあるドーム状の筋肉の膜のことです。解剖学的にみると呼吸は、横隔膜が下がり肺に空気が吸い込まれ、横隔膜が上がって肺から空気（二酸化炭素）が押し出されるという運動です。

実は関トレはこの横隔膜の動きをよくすることもできるので、呼吸が楽になったという患者さんも多いのです。**腰と股関節の関トレで腹横筋が鍛えられると、横隔膜が一緒に働きやすくなり、自然と腹式呼吸になって呼吸が深くなり、楽に呼吸ができるようになります**。また、肩甲骨の関節の安定にかかわる前鋸筋や菱形筋も呼吸に関係しています。これらの筋肉が鍛えられると、呼吸と関係のある首の筋肉がゆるんで横隔膜での呼吸がしやすくなります。横隔膜の動きが悪いと、肩甲挙筋や斜角筋といった呼吸補助筋を過剰に使うことになり、いわゆるハーハーと肩で息をするような状態になります。これでは呼吸するだけで疲れてしまいます。こうして呼吸の仕組みをみると、普段なにげなくおこなっている呼吸に多くの筋肉が関係していることがわかります。

呼吸の改善で二酸化炭素がしっかり吐き出され酸素の取り込みがよくなると体のすみずみまで酸素が行きわたり、疲れない体、脂肪をしっかり燃やせる体になります。

また、呼吸は自律神経を唯一コントロールできます。自律神経には交感神経と副交感神経があり、バランスが崩れるとさまざまな不調につながります。横隔膜が使えるようになり、呼吸が楽になると副交感神経が優位になるので、頭痛や息苦しさといった自律神経症状が改善します。あるとき、肺には異常がないのに呼吸が困難で精神科に通っていた患者さんが私のところにやってきました。首の筋肉がガチガチに硬かったので肩甲骨の関トレで治療したところ、トレーニングを始めてから息苦しさを感じる時間が徐々に減り「5年前からずっと苦しかった息苦しさがなくなりました」と喜んでおられました。肩甲骨の関トレにより呼吸運動が改善したと判断できます。これまで体を動かすのにたくさんのエネルギーを必要としていたのが、横隔膜がしっかり働くことで省エネの体になり、呼吸が楽になったのです。

体を整える

骨の位置関係を左右均等に近づける

腰と股関節を安定させる筋肉を強くして左右のバランスをよくする

骨盤について60ページで触れましたが、骨盤矯正とは骨盤のゆがみやねじれを整えることです。健康のため、あるいは美容のためと、整体などで骨盤矯正の施術を受けた人も多いのではないでしょうか。整体では整体師が手で骨盤を矯正します。**骨盤のゆがみやねじれは骨盤や股関節周囲の筋力の割合で決まるので、筋力を改善せずに整体で動かしても一時的に整えるだけですぐにもとに戻ってしまいます。**

そもそも骨盤のゆがみは誰にでも存在します。太腿の前側の筋肉がパンパンに張っていたら骨盤は前傾しますし、腹筋が弱ければ骨盤は開き気味になります。筋力の働く割合によって骨の位置関係は決まります。私は骨盤のゆがみとひとことで片付けず、アライメント不良（骨の位置関係がずれている状態）と言います。そして骨盤のゆがみを修正するときは、この筋肉が弱っているからこの関節がずれていると、きちんと説明しながら治療するようにしています。

体の特徴や動きの癖で筋肉の左右差は必ずあるので、骨盤のゆがみやねじれは当然生じるものです。骨盤のゆがみで問題になるのは、痛みなどの症状が出てしまったときです。治療の際には歩く、走る動作も含めて症状が出ているかをみますが、姿勢だけでもわかります。たとえば腸腰筋が弱くなり多裂筋の働く割合が強くなっていくと、腰が反りやすくなります。これは骨盤が前傾している状態です。この状態だけでは気にすることはないのですが、この不均等が度を過ぎていくと腰痛という症状が出てきます。その際は腰と股関節の関トレで多裂筋や腸腰筋を鍛えることで、骨盤のゆがみを修正します。すると過剰に働いている筋肉はゆるみだし、関節への負担が減っていきます。

私は**関トレで体を変えるのが、最も確実な骨盤矯正の方法**だと考えています。関トレで骨の位置関係を左右均等に近づけることは可能です。

体を整える

腰の関トレでぽっこりお腹もすっきり

腹横筋が鍛えられウエストが引き締められる

加齢とともにたるんでいく体を見るのは、女性だけでなく男性にとっても悲しいものです。関トレは関節の痛みや疲れをとり、パフォーマンスアップに役立つだけでなく、たるんだ体を引き締める効果も期待できます。

腰痛などで治療に来られた女性に関トレをおこなうと、「腰の関トレをしたら、お腹まわりが引き締まってウエストのサイズがダウンした」といったことを聞くこともたびたびあります。こうした声を聞くと、体形が崩れていくひとつの要因に関節を守る力の衰えがあるのだと実感します。

ではなぜ、腰の関トレがお腹まわりの引き締め効果につながるのでしょうか？

腰と股関節の関トレで強くなる筋肉のひとつが腹横筋です。腹横筋はお腹の横にあり体幹を安定させる筋肉です。腹直筋や腹斜筋などよりも深いところにある筋肉で、ウエストのくびれをつくる筋肉です。ですから、**腹横筋がよく動くようになって鍛えられることで引き締まった体形になれる**のです。また、腹横筋が働くようになると、横隔膜や骨盤底筋群も同時に働くようになります。これらの筋肉は呼吸に関する筋肉なので、腹圧（腹腔内圧）を上げて**お腹まわりの筋肉がよく動くようになる**のです。腹圧とは横隔膜の下にある消化器などの内臓が集まっている空間内部にかかる圧力のことです。腹圧は姿勢維持に重要で、腹圧が下がると体幹も不安定になります。

ぽっこりお腹はただ余分な脂肪がついているだけでなく、お腹に力が入りにくくなった状態です。お腹を使っていないのでどんどん脂肪がたまります。したがって、**腹横筋がついてお腹まわりの筋肉が動けばお腹の奥から引き締め効果が得られる**のです。さらに呼吸がスムーズになることで酸素をたくさん取り入れることができ、**脂肪が燃える体づくりにもつながる**のです。

腹筋運動はお腹のシェイプアップとして一般的におこなわれますが、これで鍛えられるのはお腹の表面にある腹直筋や腹斜筋です。こうした腹筋運動は体幹を曲げる動作のトレーニングで腹横筋はほとんど使っていません。腹筋をしてもなかなかお腹が引き締まらない人は、腹筋をする前に腰と股関節の関トレをおこなうと効果的です。

体を整える

股関節が安定すると美脚になる

太腿やふくらはぎを引き締め、O脚も改善する

関トレの美容効果はお腹の引き締めだけではありません。「太腿が引き締まった」「太腿の外側のでっぱりがなくなった」「脚全体のバランスがよくなった」「ふくらはぎが引き締まった」「O脚が改善された」といった声が寄せられています。私の関トレメソッドを使って、脚やせダイエット運動を教えている方もいます。

太腿が太くみえるのは、お尻の筋肉が使えていないために外側広筋という太腿の外側の筋肉が発達してしまうからです。こうなると太腿の横が出っぱり、お尻から太腿にかけて

ぽってりしたシルエットになります。でも、**関トレで腸腰筋、多裂筋、内転筋、内側ハムストリングスが強くなると、お尻の筋肉が使えるようになります。殿筋が使えるようになると外側広筋を必要以上に使わなくなるので太腿の外側はスリムになり、太腿の内側には筋肉がついて引き締まるため、脚やせにつながる**というわけです。

さらに、腰と股関節の関トレによって腹横筋や多裂筋、腸腰筋の筋力を向上させると股関節を伸ばす殿筋が働きやすくなるので、お尻の脂肪も落ちやすく、筋肉も引き締まっていくので小尻効果も期待できます。お尻が平らでボリュームがない方は、お尻を使えるようになるとぷりっとした形のいいお尻になります。

また、肌の露出が増えるシーズンになると、背中や腕のたるみも気になってきます。そんなときには、肩甲骨と肩の関トレがおすすめです。**肩甲骨の関節を守る菱形筋は肩甲骨と肩甲骨の間にある筋肉。この筋肉が働くようになると背中を覆う僧帽筋や広背筋といった大きな筋肉の活動も高まり、背中の上部のぜい肉は落ちてきます。また、肩を守る上腕三頭筋が強くなれば引き締め効果がアップし、二の腕のたるみも改善します。**

体を整える

股関節を強くして正しく歩く

股関節を守る力をアップして転倒予防

スタイルがよくても、歩き方がカッコ悪いと魅力は半減します。かかとから着地し、股関節と殿筋で上半身を支え、腸腰筋がしっかり働くことで足を前に振り出しスムーズに体重を移動する、これが理想的な歩き方です。歩く動作は片足立ちの連続です。片足で立ってみるとわかりますが、片足で**体をまっすぐに支えるためにはさまざまな筋肉や関節が使われています。中でも大きな力がかかるのが股関節**です。第1章でも述べましたが、立つだけでも大きな負荷が股関節にかかっているのに、道を歩いたり、階段の上り下りをしたりするともっと大きな負荷がかかります。この股関節を守る力が弱くなってしまったら、お尻で上半身を支えられないので、片足に体重をのせたときにお尻が横へ抜けるような姿勢になります。お尻を左右に振りながら歩くモンローウォークになってしまうのです。

このような歩き方を長年続けたら膝に負担がかかり、O脚となって痛みが出てきます。繰り返しになりますが、人はよく使える筋肉だけを使って動きます。股関節の代わりに膝に負担をかける歩き方をしていることは、日常生活ではすべて膝に負担がかかる動作となっているということです。また、内転筋が弱くなるとハムストリングスを過剰に働かせながら歩くため膝が曲がります。腸腰筋の弱い人は大腿筋膜張筋という筋肉を使いながら歩くので、外側に揺れ、膝を伸ばしながら歩きます。この場合は、股関節の関トレで股関節が正常に働くようになれば正しく歩けるようになります。**転倒予防にも股関節を守る力は必要**です。転倒しやすい人ほど、腸腰筋や多裂筋などの股関節を守る筋肉が働いていません。こうなると大腿直筋などのアウターマッスルが働き、かえってつまずきやすくなります。また、股関節を伸ばす力が弱くなるので、急な方向転換や後ろに下がるときにも転びやすくなります。

体を整える

足首を強くすれば捻挫は癖にならない

捻挫をすると足首の筋力が低下する

階段を踏み外したり、転んで足首をひねったりして、多くの人が経験する足首の捻挫。スポーツでは最も多いケガです。読者のみなさんは「捻挫は癖になる」と思っているかもしれませんが、これは間違いです。では、何度も繰り返し捻挫をしてしまうのはなぜでしょうか。

捻挫をした場合、痛みがとれたり、歩けるようになったりすれば、足首はケガをする前と同じ状態に戻ったと多くの人が思っています。足首のリハビリや筋トレをあえてする人はいません。ここが大きな間違いなのです。**捻挫をすると足首の筋力は必ず低下します。**ケガをする前よりも足首を守る力が弱い状態になっているのです。たとえ痛みがなくなっても低下した筋力はそのままです。関節が不安定なままなのでこの状態で以前と同じような負荷を足首にかければ再び捻挫をしやすくなります。**捻挫をした後には足首の関トレをして筋力アップをすることが肝心**です。

足首は内側の後脛骨筋と外側の腓骨筋の2つの筋肉がバランスよく働くことで安定します。この2つの筋肉を関トレで強くすれば、捻挫を繰り返さなくなりますし、予防にもつながります。足首が安定すれば、テーピングやサポーターも不要になり、日常生活やスポーツライフがより快適になります。

足首を捻挫するのは体幹が弱いからだといって、足首強化のためにスクワットのトレーニングをさせるスポーツ指導者がいますが、これは意味のないトレーニングです。考えればわかることなのですが、捻挫自体は足首の不安定性から生じるものなので、足首の状態が改善されない限りいくら体幹を鍛えても足首は強くなりません。

また、足首を曲げた状態で足首強化のトレーニングをおこなっているのを見かけますが、これも間違っています。足首は曲げたときは安定し、伸ばしたときに不安定になります。

ケガをするのは足首が伸びている状態のときが多いのです。この姿勢で足首が強くなければなりません。そのためには足首を伸ばした状態でトレーニングをすることが重要です。

体を整える

足首強化で外反母趾は予防できる

扁平《へんぺい》足の人は外反母趾になるリスクが高い

女性の足の悩みで多いのが外反母趾です。これは、ハイヒールやパンプス、つま先の細い靴を履き続けたことだけが原因ではありません。**外反母趾は、足首を守る後脛骨筋の筋力の低下も原因となります。**

外反母趾は足の特徴と関係があります。足の状態は大きく2つに分けられます。土踏まずが高いハイアーチになっているか、それともローアーチ、いわゆる扁平足になっているかです。結論からいうと、扁平足の人には外反母趾が多いといえます。

扁平足は足の形状の特徴であって、それ自体が悪いものではありません。扁平足だと疲れやすい、運動能力が低くなるといわれることもありますが、それは間違いです。バレーボール選手で扁平足の人はとんでもなく高くジャンプすることがあります。ただし足首を守る筋肉のひとつ、後脛骨筋の働く割合が少ない傾向にあります。後脛骨筋は舟状骨に付着していて、引っ張り上げるように内側縦アーチを支えています。後脛骨筋の筋力が低下すると、舟状骨が落ち込むと同時に母趾球筋が弱くなり、足の安定性を失うため力を発揮できなくなります。そして、この母趾球筋の筋力の低下がそのままにされると外反母趾になるのです。放置すれば骨の変形につながります。

外反母趾は、母趾球筋ではなく後脛骨筋を鍛えた方が圧倒的な早さで改善します。外反母趾には足首の関トレが有効で、痛みを軽減することが可能です。女性には特におすすめです。ただし、関トレは痛みをとるだけで、重度に変形してしまった関節を治すことはできません。場合によっては、外科的な手術が必要になるでしょう。

後脛骨筋がよく動くようになると、腸腰筋やハムストリングスも同時に動くようになります。反対に腸腰筋やハムストリングスが働くと後脛骨筋もよく動くようになります。足首だけでなく、腰や股関節、膝の関トレも一緒におこないましょう。

体を整える

骨盤底筋を強くして尿漏れ予防

更年期の女性に多発する不調の改善に

女性はライフステージごとに体が変化します。大きく体が変わるのは、女性ホルモンの分泌が減る更年期とされています。この時期、男性には実感できないデリケートな変化も訪れるようです。最近ＣＭや雑誌などでもよく見聞きするのが尿漏れです。「咳《せき》やくしゃみをしたときに漏れてしまう」「トイレまで我慢できない」「お腹の底から笑うことができない」など、自分の意思とは関係なく起きる尿漏れは、生活の質を下げる大きな要因となっています。

関トレは尿漏れの悩みを解消できるトレーニングです。尿漏れは骨盤の底で内臓を支えている骨盤底筋が弱くなって起こるため、これが機能すればお腹に力がかかっても骨盤底筋が尿道口を締めるので尿漏れしません。腰や股関節を安定させる関トレで**多裂筋（腹横筋）を強くすれば、尿漏れ防止になる**のです。予防のためにも関トレをぜひ活用しましょう。

また、更年期の女性に起こりやすい関節疾患に「ばね指」があります。指の付け根部分が炎症する腱鞘炎のひとつです。指を曲げるときにカクンとした衝撃がある、指を曲げ伸ばしする際にひっかかりを感じるのが代表的な症状です。最近では、スマホの使いすぎがばね指の原因となることも指摘されています。これには手首の関トレがおすすめです。

女性ホルモンには、骨を強くしたり脂肪の合成を抑えるなど女性の健康を守るさまざまな働きがあります。分泌が減る更年期は骨が弱くなります。また、脂肪がつきやすくなり、体重も増えやすくなることを実感するのもこの時期です。これまでと同じ運動量でもなかなかやせません。女性は一般的に男性より筋肉量が少ないので、関節を安定する力は男性よりも低い傾向にあります。また、体重が重くなれば関節への負担も大きくなります。

これまでの経験上、関トレはこうした**更年期の健康不安を解消するひとつの方法**になります。

体を整える

関トレで産後の体を強くする

子育て中の女性の関節には高い負荷がかかる

妊娠中、出産直後、あるいは子育て中の女性はさまざまな体の不調に悩まされます。尿漏れは、出産直後の女性も多く経験する体の悩みです。これは出産で骨盤底筋がダメージを受けるのがひとつの原因です。一般的には数カ月でよくなるようですが、その間はやはり生活に支障が出ます。こうした症状にも関トレは有効なので、産後の機能回復に役立てましょう。

妊娠中は、お腹に赤ちゃんを抱えて生活しているので、腰に大きな負担がかかります。

また、出産によって骨盤がダメージを受けることで、股関節まわりの筋肉が偏って働くので産後も腰痛に悩まされます。

子育て中の女性も、関節の不具合が多く痛みを伴う症状がみられます。多いのは指、膝、足首、腰など。1日に、何度も立ったり座ったり、赤ちゃんを抱っこしたり、繰り返さなければなりません。赤ちゃんを抱くことで肩こりが多発します。寝てしまった子供は想像以上に重いので、赤ちゃんを抱けば腰や膝にも負担がかかります。また皿洗いや掃除でも手首の腱鞘炎になることがあるようです。さらに、料理や洗濯、買い物など、増える家事も関節の大きな負担になります。その上、妊娠により増えてしまった自身の体重も、膝や足首などの関節の大きな負担となっている可能性もあります。このように、出産後の女性は出産前よりも大きな負荷が関節にかかるので痛みにつながりやすくなります。

妊娠中は、副腎皮質ホルモン（ステロイドホルモン）が多く分泌されています。ステロイドホルモンには、痛みや炎症を抑える働きがあるため、妊娠中はたとえ関節の痛みがあってもホルモンの働きで緩和されていたと考えられます。ですから、**産後の体づくりで関節を強くすることが必要**なのです。

体を整える

関トレで筋トレのケガを予防する

筋トレは動作のトレーニングで関節を守る力はアップしない

昨今はボディメイクのための筋トレが大人気です。パーソナルトレーナーとマンツーマンで取り組む人や、スポーツクラブに毎日通う人もいます。24時間営業のスポーツクラブも増え、残業で遅くなっても帰宅前にジムに立ち寄るのは容易になりました。

しかし、間違ったフォームで筋トレをおこなっていることは少なくありません。特に多いのが、腰が引けた姿勢で体幹トレーニングをおこなっていることです。本来使うべきお尻の筋肉やハムストリングスがしっかりと使われていません。股関節や腰がとても不安定な状態なのでこうした姿勢になります。**自分では正しくおこなっているつもりでも実際にはできていないの**です。筋トレで確実な効果を上げるには、フォームが大切です。正しいフォームでおこなわないと目的とは違う筋肉が鍛えられたり、ケガにつながったりするからです。

マッチョなボディビルダーでも、バーベルを持ち上げるときに肩をケガする人は意外と多いのです。この原因も同じです。肩関節を安定させる筋肉が弱っているため正常な関節運動ができなくなっているのです。この状態でバーベルを持ち上げると、肩には関節が外れるようなストレスがかかり、痛みやケガにつながります。

筋トレは「動作のトレーニング」です。たとえばスクワットで重要なのが腰椎と股関節を守る腸腰筋、腹横筋（多裂筋）です。正しいフォームは、この2つの筋肉をバランスよく使い、腰を伸ばして股関節を曲げ、膝がつま先より前に出ない姿勢です。しかし、腰と股関節を守る力が弱ければ、いくらスクワットをしてもこの正しい姿勢をとることはできず、過度な負担が膝にかかり膝を壊すことになります。**関トレで正常な関節運動ができるようになれば、膝に過度な負担をかけることのない正しいフォームになり、筋トレでのケガや故障の予防になります。必ず関トレをしてから筋トレをしましょう。**

体を整える

関トレで“今”の筋力をアップできる

急な運動に備えたコンディションづくりにも貢献

お子さんの運動会で張り切って徒競走に参加したのはいいけれど、足がもつれた、転んで膝をケガした、捻挫をした、肉離れを起こした、アキレス腱を切ったという話を耳にします。

これは、日常生活での低い運動負荷から、徒競走という高い運動負荷に変わり、それに体がついていかなかったことが原因です。関トレをすると関節を安定する力はその場で高まり、筋力は変化します。ですから、翌日に運動会を控えた親御さんたちのように、**その**

場で良いパフォーマンス（速く走る）をしたいときにも有効です。

走ることに関係する筋肉は腸腰筋や多裂筋なので、腰・股関節の関トレをすればその場で筋力がアップし、姿勢や動作も改善されます。足の振り上げが強くできるようになるので、足の振り出しは早くなって転びにくくなり、ケガのリスクも少なくなるはずです。

こうした関トレの即効性は、私自身も何度も経験しています。剣道をしているときに「竹刀を持つ手に力が入りにくいな」と感じるときは関トレをします。また、試合直前は必ず関トレをします。関トレでパフォーマンスの波を最小限に抑えることができますし、試合当日に最高のパフォーマンスができるように調整できます。

運動会の徒競走前に関トレをするのもこれと同じことです。理想をいうなら、時間をかけて毎日関トレをして基礎体力のアップを図ってほしいのですが……。今年の運動会では転んでしまったのが、次は転ばないように走れるようになり、その次の運動会では、さっそうと走れるようになる。これが動作を変えることができる関トレのメリットです。関トレを継続することで、高い負荷に耐えられるようになるので、記録の更新にもつながります。

体を整える

腱鞘炎、腰痛……関トレで職業病を予防する

毎日のコンディションづくりに役立つ

仕事の特性や職場環境などによって起こる病気、いわゆる職業病は、同じ動作が繰り返されることで引き起こされます。同じ動作を繰り返せば一部の筋肉しか使わなくなり、筋肉の不均衡により関節を守る力の低下につながることは第1章でも解説した通りです。

職業病は、**繰り返し同じ動作をおこなっても痛くなかった状態から、痛みのある状態に変化したものです。その大きな変化の原因のひとつは関節を守る筋力の低下**にあります。わずかな炎症などによって徐々に関節を守る筋力が低下すると、関節を守れなくなり動作

も偏ります。

シャンプーやカットなど手首や指先での細かい作業が多い美容師には腱鞘炎が多いようですし、長時間座って運転するトラックの運転手には腰痛が多いようです。また、農家の人も腰を曲げての作業が多くなるため、腰痛や腰椎の変形が多くみられます。

理学療法士を含め、手や指を使う整体やマッサージをおこなう人にも職業病が見受けられます。女性の場合は、指の節の腫れや、関節の痛みといったトラブルが多いようです。

職業病で特に問題になっているもののひとつが腰痛です。厚労省が作成した腰痛予防対策指針では、腰痛を引き起こす動作として、重量物を取り扱う、人を抱え上げる作業をする、長時間同じ姿勢をとるといったことが指摘されています。このほか、職場における振動や温度、勤務条件などの環境的な要因、また、性別や年齢、体力などの個人的な要因なども腰痛発生に関係しているとされています。

仕事環境を変えることも大切ですが、なかなかスムーズにいかないのが現実です。

パソコンでのデスクワークが多い人、また、指や手の負担が多い人は手首の関トレ、交通機関の運転や運送業に従事する人なら腰と股関節の関トレ、販売など立ち仕事が多い人は足首や膝の関トレで、まずは酷使する関節を守る筋力をアップしましょう。これが毎日のコンディションを支えてくれるはずです。

痛みを引き起こす要因からの影響を軽減するためにも、関トレを毎朝おこない、よいパフォーマンスができる体にして1日を始めましょう。

コラム2

スポーツレジェンドたちの選手寿命のカギは関節を守る力!?

スポーツ界の〝レジェンド〟たちを思い浮かべてください。プロスキーヤーで登山家でもある三浦雄一郎さん、スキージャンプの葛西紀明さん、プロサッカーの三浦知良さん、プロ野球の山本昌さん、テニスの伊達公子さん、野球のイチローさん。すでに引退した選手もいますが、年齢を重ねても、第一線で活躍し、高いパフォーマンスを保っていられる、あるいはいられたのはなぜでしょうか？　その理由は「ケガをしない」ことです。

関トレ理論でいえば、ケガをしない＝関節を守る力が強いといえます。ジャンプの葛西さんはあんなに体が細くみえるのに、１００kg以上のバーベルを持ち上げてスクワットができるといいます。葛西さんだけでなく、レジェンドたちはきっとノルディックスクワット（１４３ページ参照）の姿勢が正しくとれるに違いありません。この姿勢がとれれば、腰や膝には負担がかからずに負荷の強いトレーニングが可能です。長く競技を続けられる人は関節がやわらかいのではなく、関節が安定しているのです。アスリートは常に高い負荷をかけて練習や試合にのぞみますが、それに耐える関節の強さがあるので、ケガもせず高いパフォーマンスを保っているのです。

私はアスリートの体もみてきましたが、ノルディックスクワットの姿勢がしっかりとれる選手はケガもしないし、実際のパフォーマンスも高いです。また、私は自身のメソッドを整体師やスポーツトレーナーの方々に教えていますが、ある整体師から「プロでケガをして球速が落ちた30代のピッチャーでも、関トレで球速がどんどん上がった」と報告をいただいています。プロの選手でもトレーニングで体は変わっていくのです。

また、どんなスポーツでもよいパフォーマンスには脱力が不可欠です。武道・武術では特に大事だといわれます。力が抜ければまっすぐに立つことができます。すると各筋肉が最小限の力で働き、素早く一歩が踏み出せたり、左右への動きが俊敏になったりと、次の動きへと素早く移行することができるのです。脱力するためには筋肉がやわらかくないといけません。関節を守る力が低下して筋肉の使い方が偏れば筋肉が硬くなります。スポーツの重要な場面でリラックスしたり、力まずに繊細な動作をしたりする場合に、関節を守る力は必要なのです。スポーツレジェンドのように脱力できていなければ、高いパフォーマンスを発揮することはできないのです。

わたしの関トレ体験

「自分では気が付きませんでしたが、背中が丸くなっていました。今は姿勢がよくなったと自覚できるくらいまでになりました。背中がやわらかくなったのを実感しています」(60代・男性)

「指が痛くなってからゴルフができなくなりました。日常生活でもフライパンを持つのもつらくなっていました。医師から遅発性の尺骨神経麻痺と診断されましたが、関トレを始めて1カ月でよくなりました。指に力がだいぶ入るようになって、料理も問題なくできています」(60代・女性)

「ヘバーデン結節(指の末端が腫れる)で全部の指が痛かったのですが、手首の関トレで今は痛みも腫れもなくなりました」(60代・女性)

「今まで膝が痛くてできなかった太極拳ができるようになりました。体を動かすことの大切さを実感しています」(70代・男性)

「足の筋力がなく階段を恐る恐る下りていたのが、今では何も気にせずに階段を上り下りできるようになりました」(70代・女性)

「以前は膝が痛くて、家の中を歩くのが精いっぱい。外出する勇気が持てませんでした。でも関トレをするようになってから歩くのが楽になり、今は外を何時間も歩いても大丈夫！」(90代・女性)

第3章

関トレ実践のコツと注意ポイント

自重でできる安全なトレーニング

正しいフォームとマックスの力でおこなう

第3章は関節を守る力を高める、関トレの実践編です。トレーニングに入る前に、関節とそれを守る筋肉の関係をみておきましょう。関トレではこれらの筋肉を単独で鍛えることができます。

- **腰椎・股関節→腸腰筋＋多裂筋（腹横筋）**
- **膝関節→内側ハムストリングス＋内転筋**
- **足関節→後脛骨筋＋腓骨筋**

- **肩甲骨（肩甲胸郭関節）↓菱形筋＋前鋸筋**
- **肩関節（肩甲上腕関節）↓上腕三頭筋（長頭）＋肩甲下筋**
- **肘・手首・手指↓橈側手根屈筋＋尺側手根屈筋**

ひとつの関節は2つの筋肉が守っているといいましたが、腰椎と股関節は同時に動く関節なので、関トレでは両方の関節を同時に鍛えます。また手首を守る2つの筋肉は肘や指も同時に強くするので肘・手首・手指としました。

関トレをおこなう際に気をつけていただきたいのは、

● 正しいフォームでおこなう

● 最大限の力を出す

の2つです。たとえば、膝関節を守る力を高めるには、内転筋を鍛える運動と、内側ハムストリングスを鍛える運動の2つをおこないます。実際におこなってみるとわかるのですが、運動そのものは自重でおこなうので難しいものではありません。ただし正しいフォームでおこなわないと狙った筋肉とは別の筋肉が働いてしまうため、ピンポイントで筋肉を鍛えることができずトレーニング効率が落ちてしまいます。大きな筋肉を鍛えるトレーニングに慣れている人は、動きの小さい関トレに「これでしっかり効いているの？」と不安に思うかもしれませんが、関トレは関節を守る筋肉だけを動かし鍛える運動なのでダイナミックな動作は必要ありません。

各トレーニングページでは、正しいフォームと合わせてNGポーズも紹介しています。NGポーズにならないよう気を付けましょう。NGポーズでおこなうと狙った筋肉とは別の筋肉が働いてしまいます。間違った方法を何百回やっても進歩はありません。

現場でさまざまな方に関トレを指導していますが、口を酸っぱくしてフォームの正しさを強調するのもそのためです。

また、関トレをおこなうときは、力を最大限に入れること。第1章でも触れましたが、これには筋肉を強く収縮させる目的があります。こうすることで脳から筋肉への指令が多くなり、その場で筋力の変化が実感できます。

関トレ直後に体の動きが変わらないのは、間違った方法でおこなっているか、力を最大限に入れていないかのどちらかです。体はトレーニング前後で確実に変わっています。たとえば、トレーニング前にはふらついていた姿勢が、トレーニング後には安定感がある！と感じるはずです。これは股関節を守る筋力が一時的に高まったためです。136ページで紹介したノルディックスクワットを関トレの前後におこなうとその効果が実感できます。

巻頭で紹介したチェック1のスクワットは、すねの骨を床と垂直にすることで膝の筋力をほとんど使わずおこなうもので、ノルディックスキージャンプの姿勢と似ているので「ノルディックスクワット」と私が命名し、一般のスクワットと区別しました。股関節の力だけを使ったスクワットです。ノルディックスクワットの姿勢がうまくとれない場合は、自分の体の弱点がわかります。

ノルディックスクワットの姿勢

この姿勢を30秒キープ

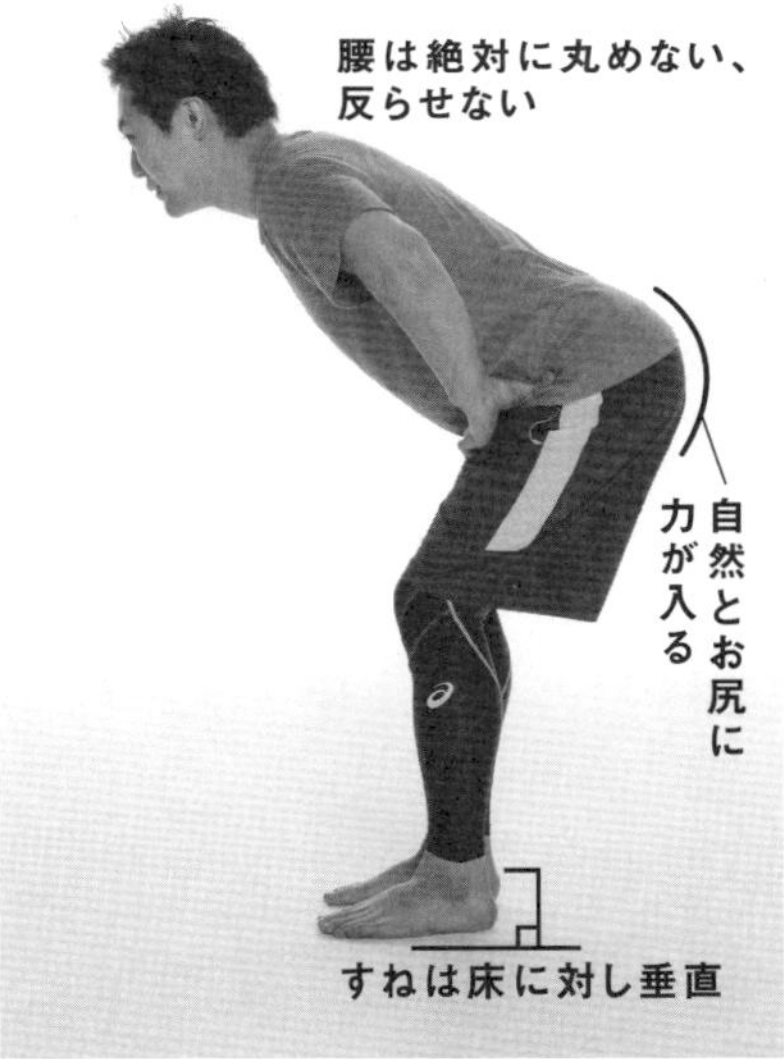

腰は絶対に丸めない、反らせない
自然とお尻に力が入る
すねは床に対し垂直

膝や腰の動きよりも、股関節が大きく動くようにおこないます。股関節が動くということは、股関節をしっかりと曲げられるということです。

関トレを継続的におこなうと、このノルディックスクワットの姿勢が正しくとれるようになります。ノルディックスクワットは関トレの効果をみる指標としてください。

12の運動をすべておこなうのが理想

すぐに効果を実感。継続が効果持続のカギ

今の自分の体にはどの関トレが必要なのでしょうか。関節に痛みがある人は、痛むところの関トレをおこなってください。ただ、骨が折れて動かせないとき、腫れが強すぎて少し動かしただけでも痛いときはおこなわないでください。第4章ではトレーニングを実践するにあたっての疑問や不安にお答えしているので参考にしてください。

関トレをすると関節の痛みがやわらいだり、軽減したりするといった効果をすぐに実感できます。これは一時的に筋力が高まったためで、この効果は1～2日継続します。関ト

レの目的は動作の改善なので、バランスよく筋肉を使えるようになるためにも痛みがなくなっても1～2週間は継続してください。

関節の痛みがない場合は、自分の体をチェックして疲れが出やすいところ、関節力の動きが悪いところ、よくくる部位の関トレをします。もしくは巻頭の関節力チェックをしてみて、できなかった姿勢の関節の関トレをおこない、その姿勢がとれるようになることを目指しましょう。

お腹、ウエスト、腕、太腿など体形が気になる人にも関トレは有効なので、気になる部位に関係する関トレを選んで実践してください。

下半身の関トレをメインにおこなうと、肩や首など上半身の関節が痛くなることがあります。それは、関節を守る力が高まっているサインです。体はつながっていますから、下半身の関節がしっかりしてくると大きな動きができるようになり、たとえば蹴る力が強くなれば腕の振りも強くなります。腕もよく動くようになると背骨もよく動くようになり、肩や首など上半身の関節への負担も自然と増え、関節が痛くなるのです。この場合は上半身の関トレもおこなえば痛みはなくなります。理想は本書で紹介するすべての関トレをおこなうことです。全身の関節をバランスよく強くすることで痛みはなくなるでしょう。

関トレは子供から高齢者まで、スポーツ愛好家からプロのアスリートまで、すべて同じ運動です。慣れると本章で紹介する12の関トレは、20分くらいですべてできるようになるでしょう。寝る前、あるいは朝、関トレを続けた人とまったくしなかった人では圧倒的な身体機能の差を生むのです。

関トレ実践のコツと注意ポイント

- 痛む関節、疲れやすい部位の関トレをおこなう
- 巻頭の関節力チェックで×だった関節の関トレをおこなう
- 狙った筋肉を鍛えるため、正しいフォームでおこなう
- 最大限のパワーでおこなう
- 1日何回おこなってもよいが、朝おこなうと体がよく動く
- 腫れや急性の痛みがあるときは中止する

腰椎と股関節を安定させる関トレ

こんな症状や目的などに効果的

- 腰痛や股関節痛がある
- ぎっくり腰の痛みの改善または予防
- 歩くスピードが遅くなった
- 長時間歩くと疲れる
- O脚
- 骨盤のゆがみ
- 太腿の引き締め
- ヒップアップ

など

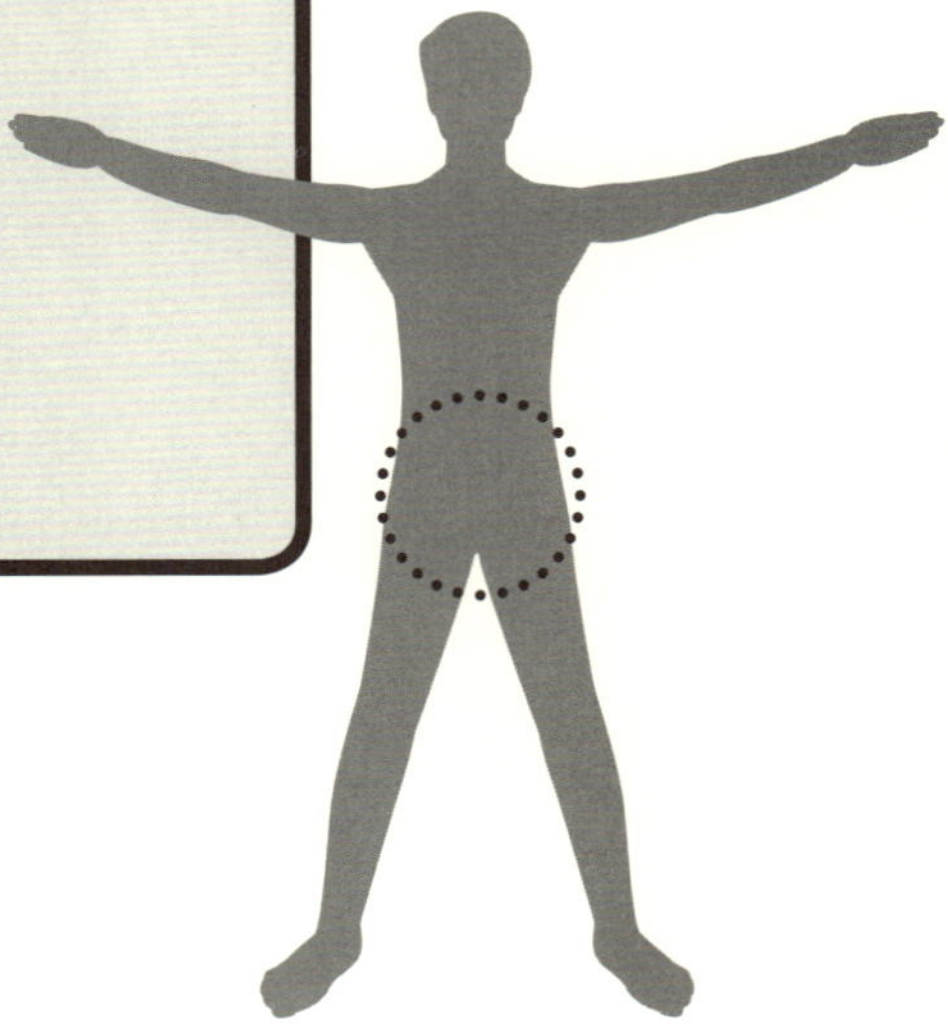

○腰椎と股関節の働き

腰椎とは、人間の体を支える脊椎の腰の部分をいいます。腰椎は椎骨と呼ばれる小さな5つの骨で構成されます。前方によく曲がるようにできていますが、回旋（ひねる）はわずかの可動域しかありません。股関節は、大腿骨の大腿骨頭（骨の先端）と骨盤にある寛骨臼（臼状になった骨の受け皿）で構成された関節で、体の内側にあります。立つ、座る、歩くなど日常動作を担う重要な関節です。

○腸腰筋・多裂筋（腹横筋）の働き

腸腰筋は腰椎・骨盤と大腿骨をつなぐ筋肉で、腰の安定性に強く関係しており、腰を曲げる、股関節を持ち上げる、腿上げするときにも使われる筋肉です。腸腰筋が硬くなると腰が曲がります。スクワットをすると腰が曲がる人はこの筋肉が硬くなっている人がほとんどです。スプリンターにとってはハムストリングスと同様にとても重要な筋肉です。

腰椎の後ろ側についているのが多裂筋です。多裂筋が働くと腹横筋も同時に働きます。腹横筋は体幹を安定させる筋肉の中で最も重要な筋肉です。これら2つの筋肉が働かないと腸腰筋がうまく働きません。これらの筋肉が弱いと腰が安定しないので、腸腰筋が頑張って腰が痛くなってしまうのです。

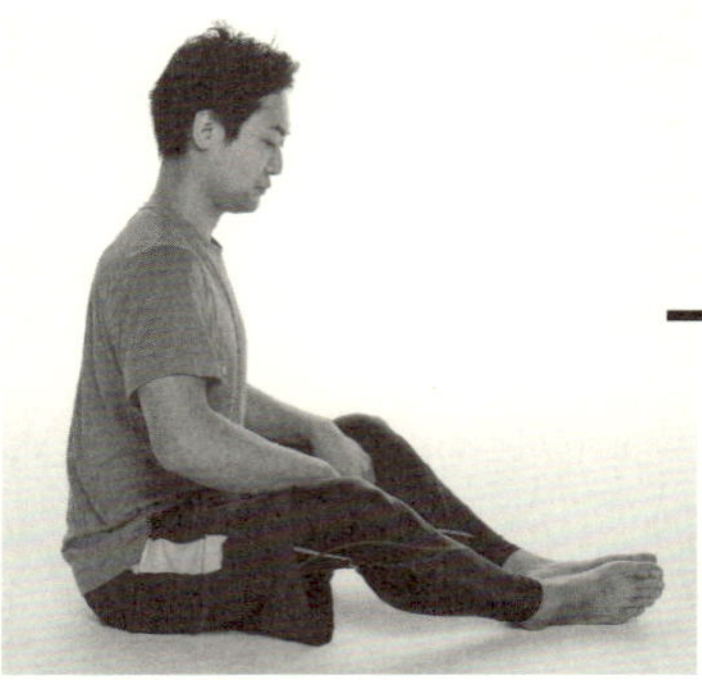

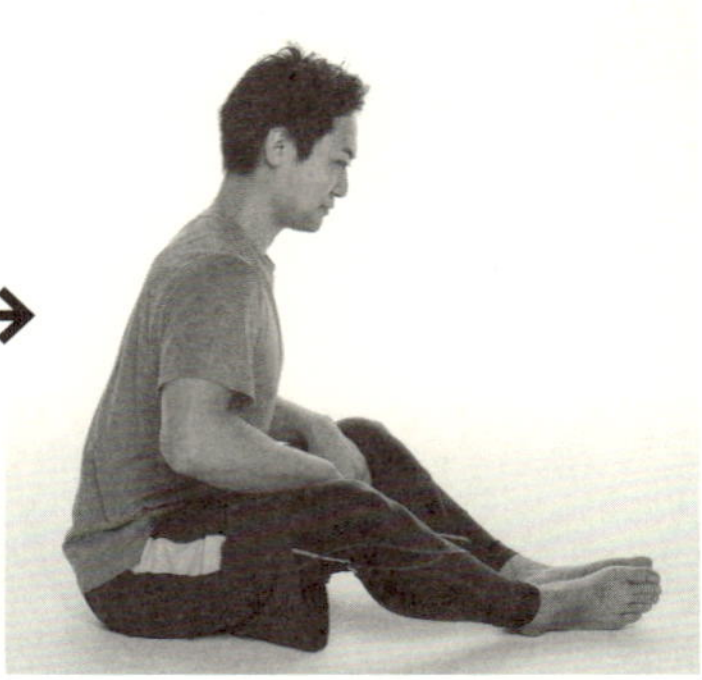

腸腰筋の関トレ

1.足の裏を合わせて座り、太腿とすねの骨で正方形をつくり、背筋を伸ばす。腰を立て、かかととお尻は50cmくらい離す。
2.腰を立てたまま胸がかかとに近づくように上半身を前傾させていく。おへそを前に出すイメージで。10秒間、力強く前傾し続ける。
3.これを3〜5セット繰り返す。　※体幹は曲げずに胸をかかとに近づけ続けることで、股関節に力が入る。純粋に股関節だけを曲げることが大事。

NGポーズ

・かかとの位置がお尻と近い
・腰や体幹が曲がっている
・腕で上半身を引っ張っている

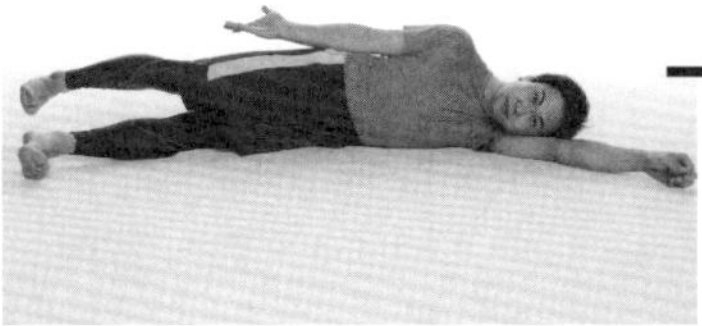

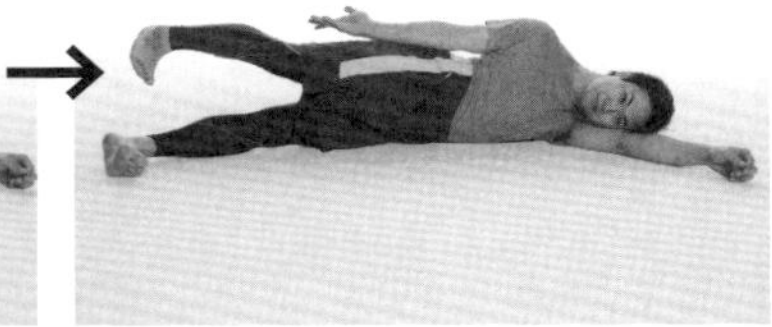

多裂筋（腹横筋）の関トレ

1. 体の左側を床につけ両足を伸ばして横になり、右手は伸ばして手のひらを上に向ける。右足を伸ばしたまま、右の股関節を内側にひねり（右のつま先を床に向ける）、右足をやや後方に伸ばす。
2. 胸を張り、右の骨盤を頭の方へ力いっぱい引き上げるようにして10秒間上げ続ける。
3. これを3～5セット繰り返す。反対側も同様におこなう。

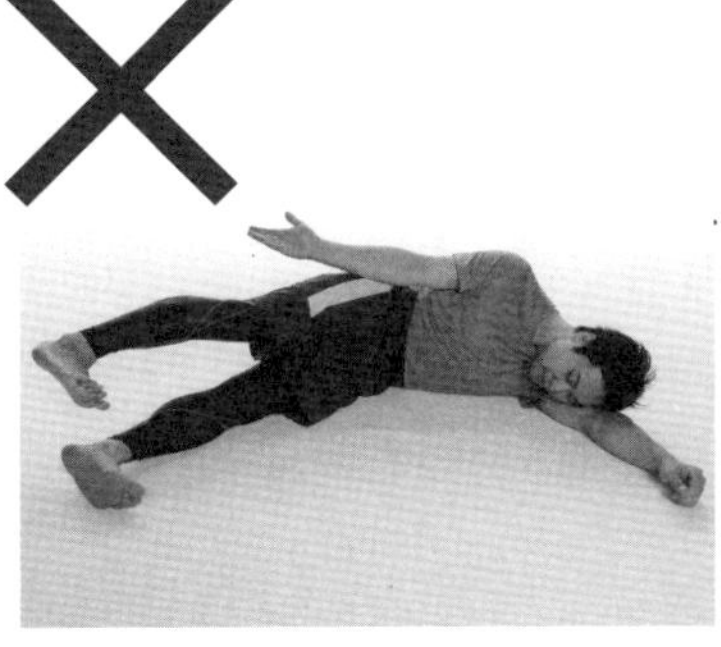

NGポーズ

・腰が引けている
・うつ伏せ状態になっている
・体幹が曲がっている
・膝や股関節が曲がっている

膝関節を安定させる関トレ

こんな症状や目的などに効果的

- 変形性膝関節症
- 慢性的に膝が痛い
- 歩くと膝が痛い
- 歩くスピードが遅くなった
- 腰を反らすと痛い
- 脚を引き締めたい

など

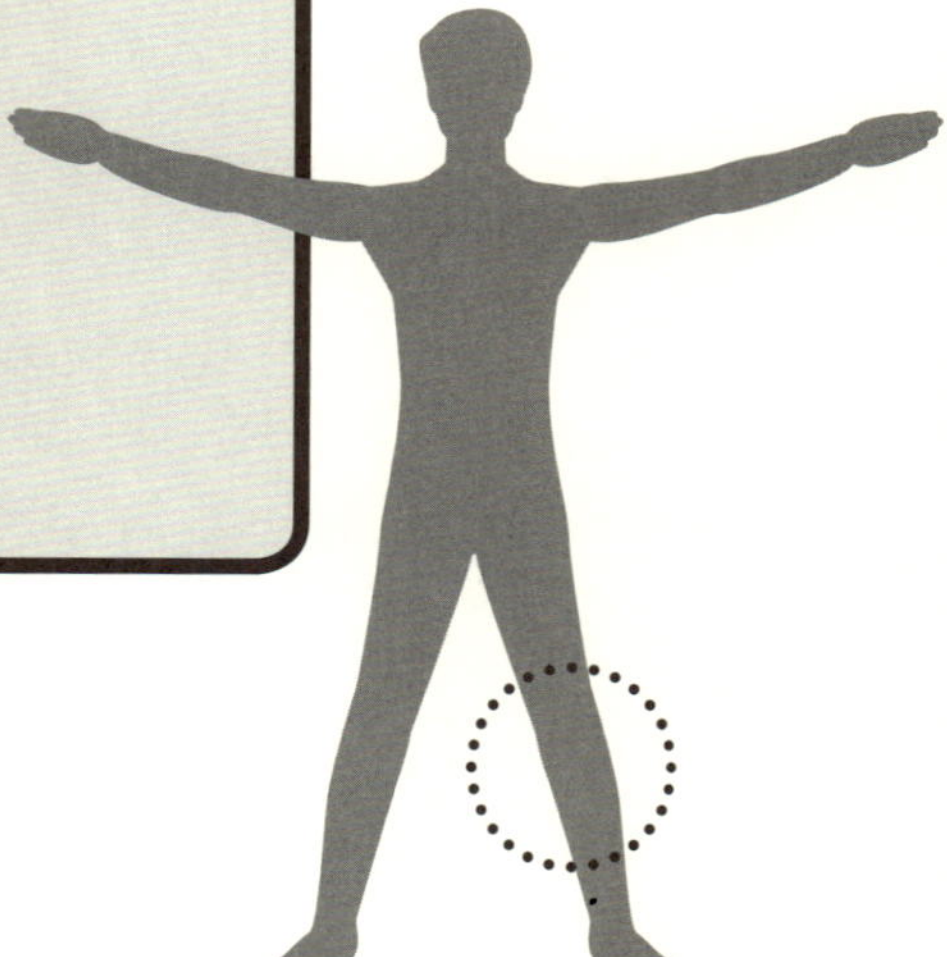

○膝関節の働き

膝関節は太腿の骨とすねの骨、膝のお皿でできています。大腿骨とすねの骨は前後左右とも靭帯でしっかりつながっています。その間には半月板という軟骨が入っており、力を分散・吸収するクッションの役目を果たしています。この半月板や靭帯、筋肉の動きによって歩く、しゃがむ、正座をするといった動作がスムーズにできるのです。

○内側ハムストリングス・内転筋の働き

内側ハムストリングスは、腸腰筋と一緒に働く筋肉で、太腿の裏側の筋肉の内側にあります。半腱様筋、半膜様筋から構成されており、膝を曲げたり股関節を伸ばしたりするときに使われます。歩き始めや走り始めに強く働き、前方へ早く移動できるようにしてくれます。スプリンターは腸腰筋と内側ハムストリングスが非常に発達しており、多裂筋が弱くて腸腰筋が硬いと肉離れしやすくなります。内転筋は細かく言うと、大内転筋、長・短内転筋、薄筋、恥骨筋がありますが、関トレではまとめて内転筋と呼びます。太腿の内側の筋肉で左右の重心移動に強く関係します。ヨタヨタして動きが鈍い（左右の重心移動が大きい）人はこの筋肉がうまく働いていません。そして、多裂筋と同時に働く筋肉なので、多裂筋を鍛えないと立っているときでさえ使わない筋肉です。

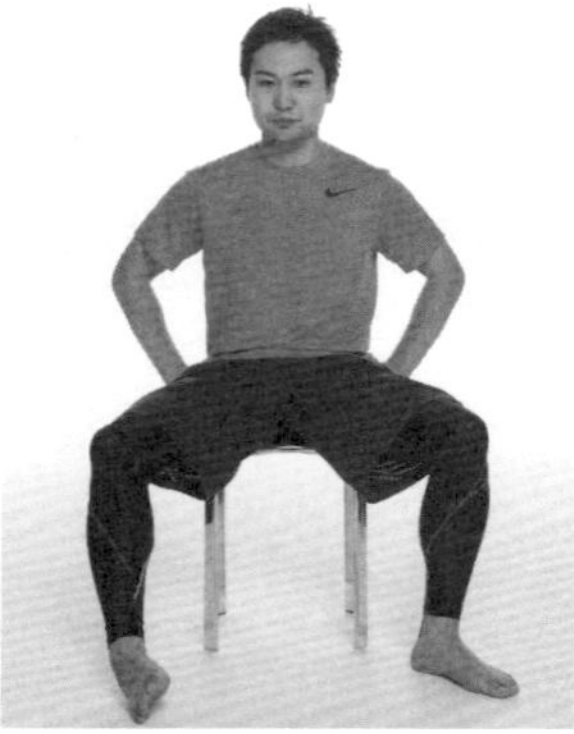

→

内側ハムストリングスの関トレ

1.両足を開いて椅子に座り、右足首を内側に曲げる。
2.右足を内側に曲げ、右膝が上がらないように、右のつま先だけを天井へ向かって力いっぱい持ち上げ、10秒間キープ。
3.これを3〜5セット繰り返す。反対側も同様におこなう。

×

NGポーズ

・膝が上がっている

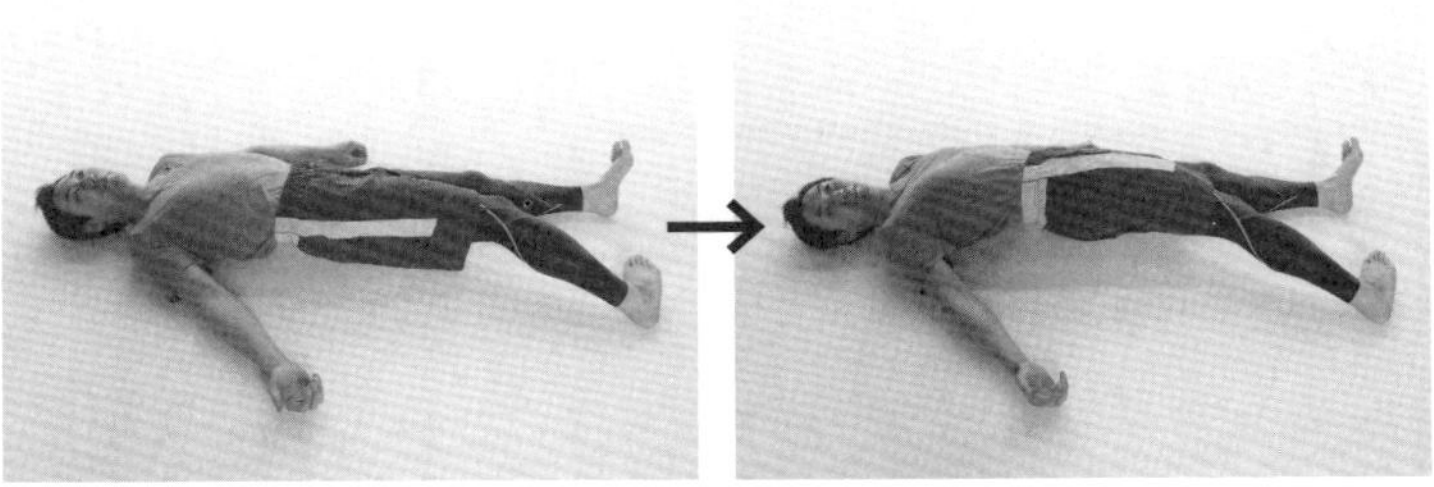

内転筋の関トレ

1. 仰向けになり顔は天井に向け、右足のつま先を内側に、親指が床につくぐらい倒す。
2. 右手は横に伸ばして肘を床につけ、10秒間、右側のお尻を浮かし続ける。
3. これを3～5セット繰り返す。反対側も同様におこなう。

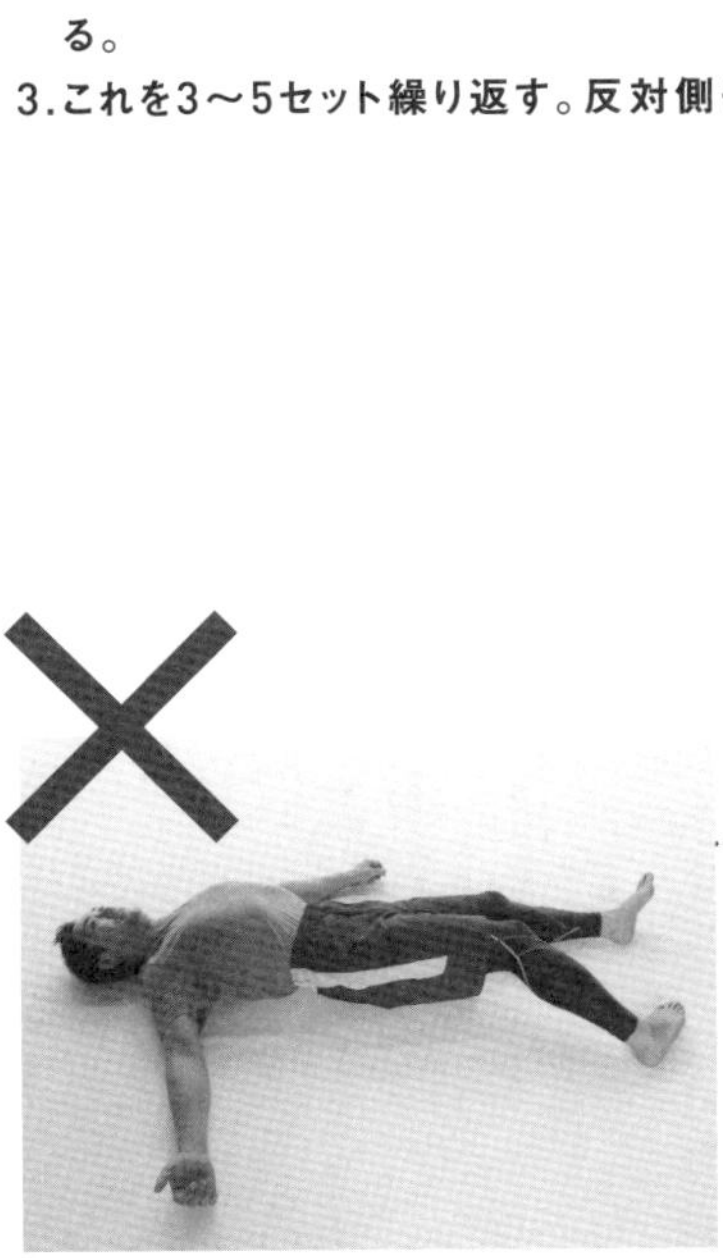

NGポーズ

・胸が上がって腰が浮いていない
・肘が床から離れている

足首を安定させる関トレ

こんな症状などに効果的

・捻挫を繰り返す
・こむらがえり
・足の裏がつる
・足の甲が痛い
・軽い外反母趾
・足が疲れやすい

など

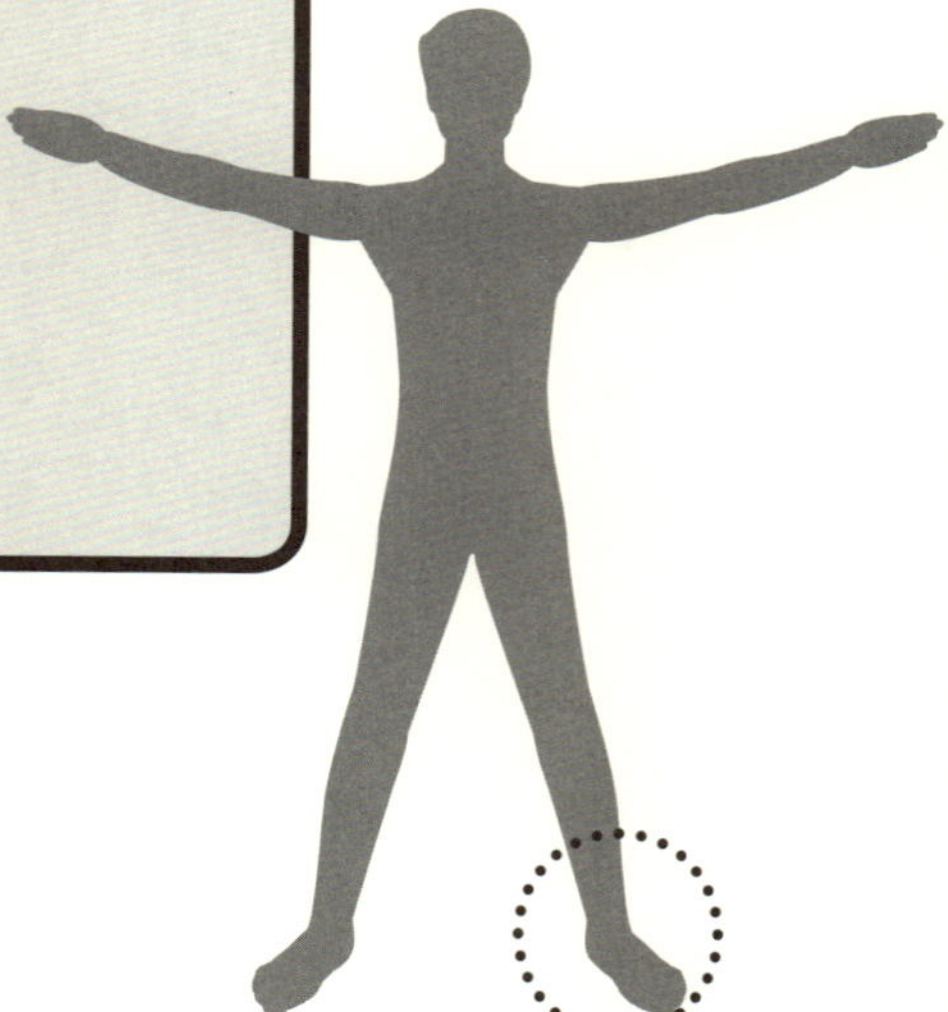

○足関節の働き

足関節は、腓骨と脛骨、距骨の3つの骨からできており、体重を支える役目があります。足首まわりは強靱な靱帯に包まれているので、強い衝撃や負担にも耐えられるようになっています。

○後脛骨筋と腓骨筋の働き

後脛骨筋は足首を内側に寄せるときに使われ、足底のアーチを上げる筋肉です。ハイアーチで足の甲が痛くなるのはこの筋肉が過緊張になっているのです。加えて、足底部にかかる力を調整しているので、足の裏が痛くなる人は後脛骨筋が働きすぎています。弱くなるとアーチが下がり扁平足になります。

腓骨筋は足首を外側に寄せるときに使われ、後脛骨筋と逆の作用で、ハイアーチを改善させる筋肉です。ハイアーチだと外側に体重がのりやすくなり、土踏まずが異常に浮いてしまいます。その代わりに母趾で床を押さえつけようとするので、母趾球が疲労しやすい人はハイアーチになり、腓骨筋が弱くなっていることがほとんどです。また、体重が外側にのりやすくなるので、足首の捻挫が癖になっている人のほとんどはこの筋肉がかなり弱くなっています。

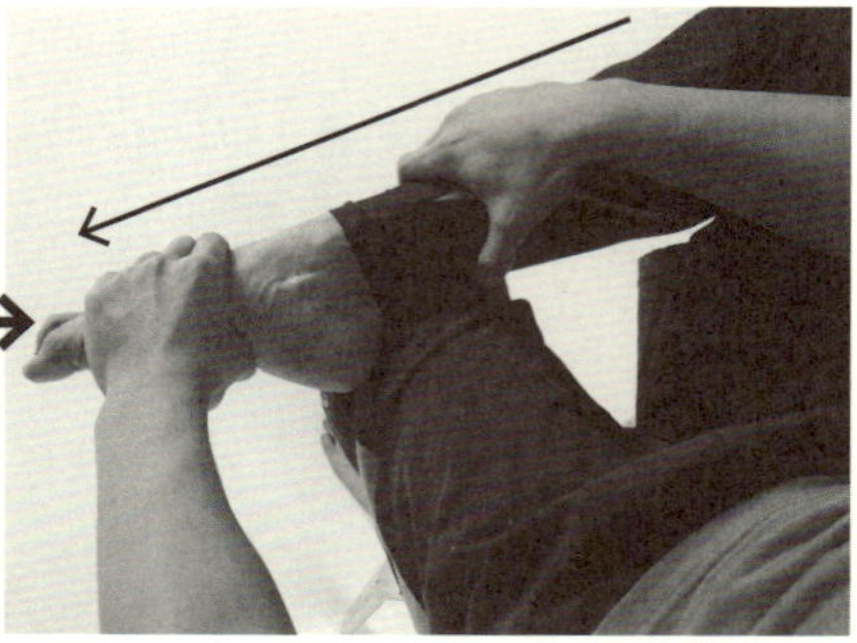

後脛骨筋の関トレ

1. 椅子に座り、右足を左膝の上におき右足首を最大限伸ばして、膝からつま先が一直線になるようにする。
2. 左手で右足先を下に押さえつける。右足首は伸ばしたまま上に押し返すように力を入れて10秒間キープ。このとき足の指が反らないようにする。
3. これを3〜5セット繰り返す。反対側も同様におこなう。

NGポーズ

・足首が曲がっている

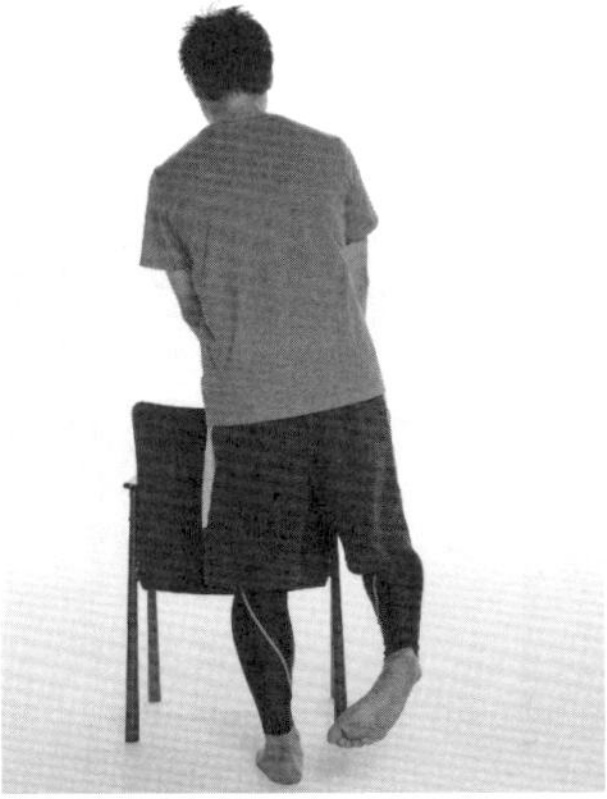

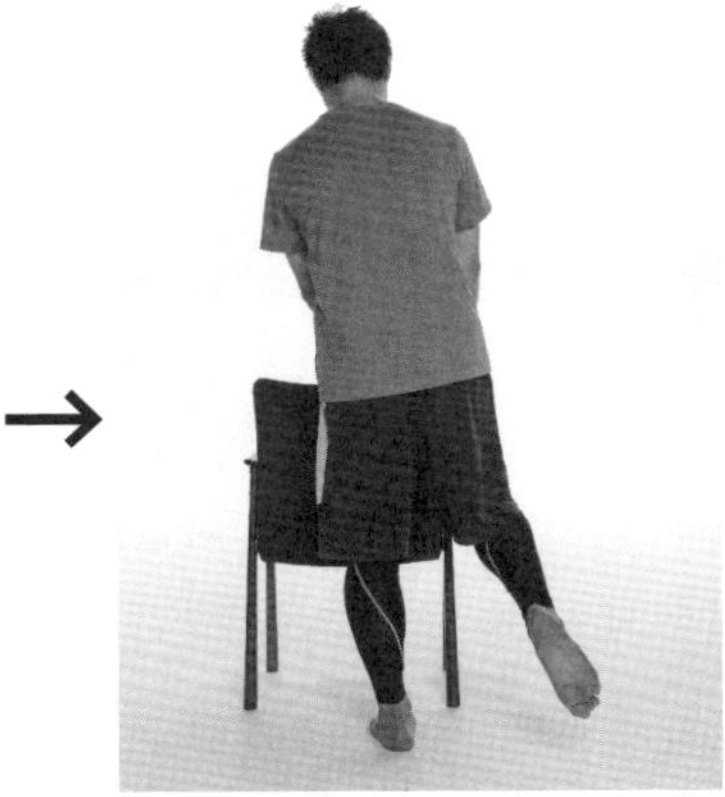

腓骨筋の関トレ

1.壁や椅子の背などに手を添えて立ち、右膝を軽く曲げて足裏を床から少し離し、右足首を最大限下に伸ばす。
2.その状態で右足首を小指側に動かし10秒間キープ。
3.これを3〜5セット繰り返す。反対側も同様におこなう。

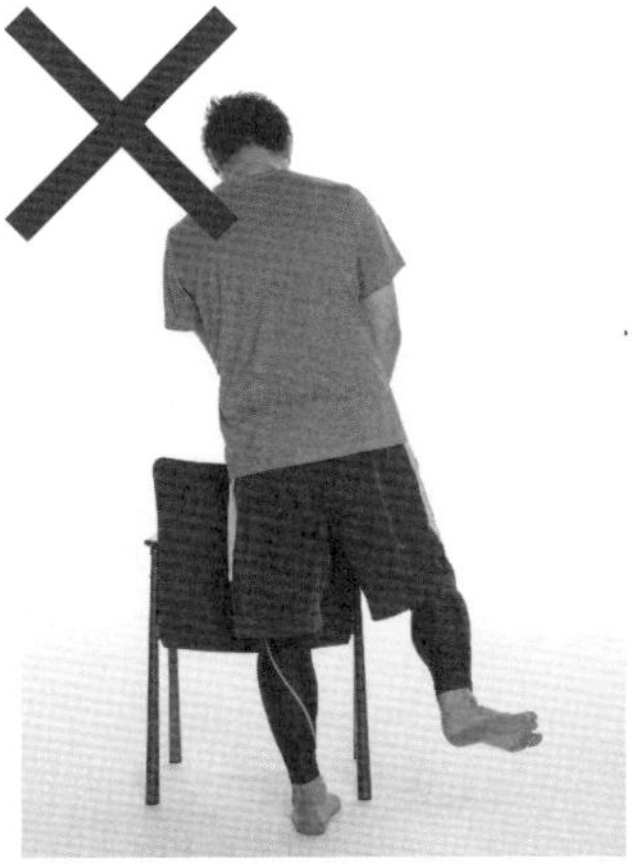

NGポーズ

・足首が曲がっている

肩甲骨（肩甲胸郭関節）を安定させる関トレ

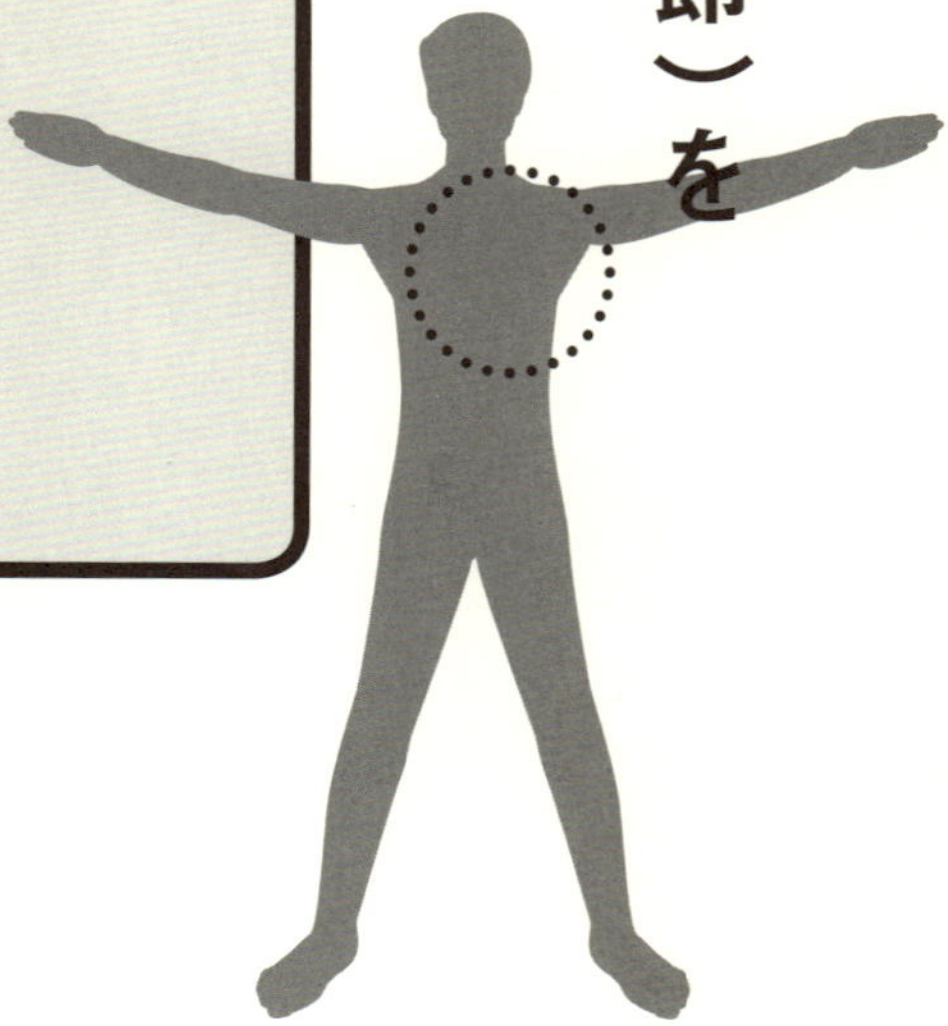

こんな症状などに効果的

- 肩こり
- 首こり
- よく寝違える
- 腕が上がらない
- 肩が痛い
- 五十肩
- 枕が合わない、眠れない
- 首が回らない

など

○肩甲骨の働き

肩甲骨とは背中の上部にある手のひらくらいの大きさの骨で、肩と腕をつないでいます。関トレで鍛えるのは、肋骨と肩甲骨から成る肩甲胸郭関節という関節です。関節が安定しないと動きが悪くなり、肩こりなどさまざまな不調につながります。肩甲骨と肩は一緒に動きます。

○菱形筋・前鋸筋の働き

菱形筋は僧帽筋よりも奥にあり、肩甲骨を内側に寄せる筋肉です。首の付け根から肩甲骨にかけて肩こりがある人はこの筋肉が弱っているので、肩甲骨を釣り上げる筋肉が硬くなります。この筋肉は肩甲骨の固定に強く影響するので、腕を最大限振り上げたときに痛いのはこの筋肉が弱っていることがほとんどです。

前鋸筋は脇の下の肋骨側にあり、肩甲骨を安定させる筋肉の中で最も重要です。腕を前に突き出すことで鍛えられるので、「ボクサー筋」ともいわれます。腕を振り下ろす際に痛くなるのはこの筋肉が弱っていることがほとんどです。これが弱くなると肩から腕全体的に力が入る感じがしないという声が多くなります。

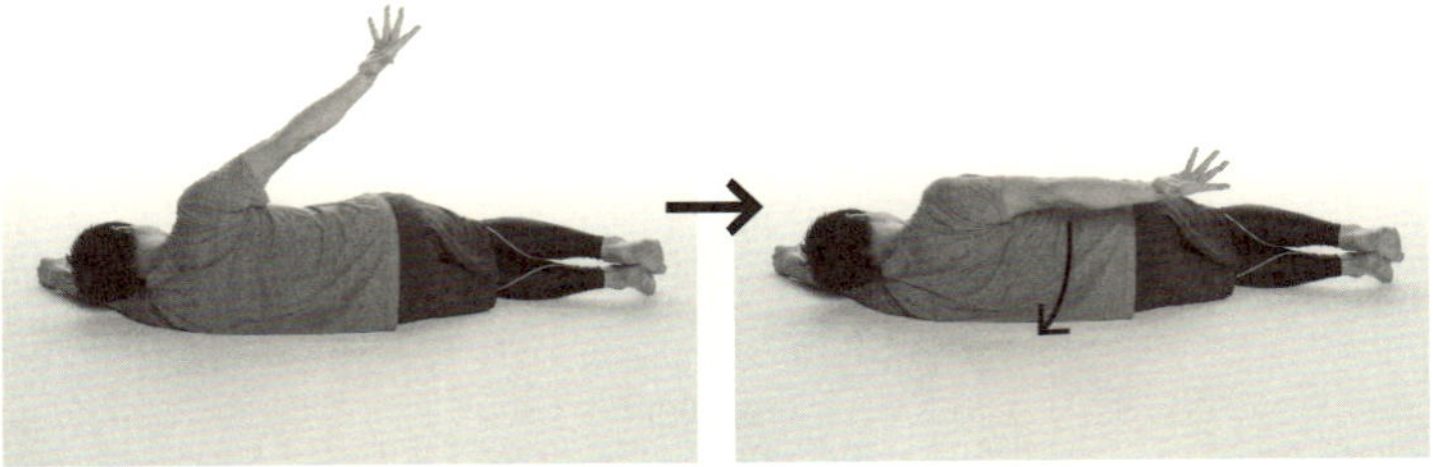

菱形筋の関トレ

1. 体の左側を床につけて横向きに寝て、左手に頭をのせる。右手を上に伸ばしながら手のひらを外回しで天井に向け、少し後方へ動かす。
2. 右手を伸ばしたまま肘を背中の中心へ下ろせるところまで下ろし、その状態で10秒間キープ。このとき右肩が前に出ないようにする。
3. これを3～5セット繰り返す。反対側も同様におこなう。立っておこなってもよい。

×

NGポーズ

・腕が体から離れすぎている
・腕を内回りで天井に向けている

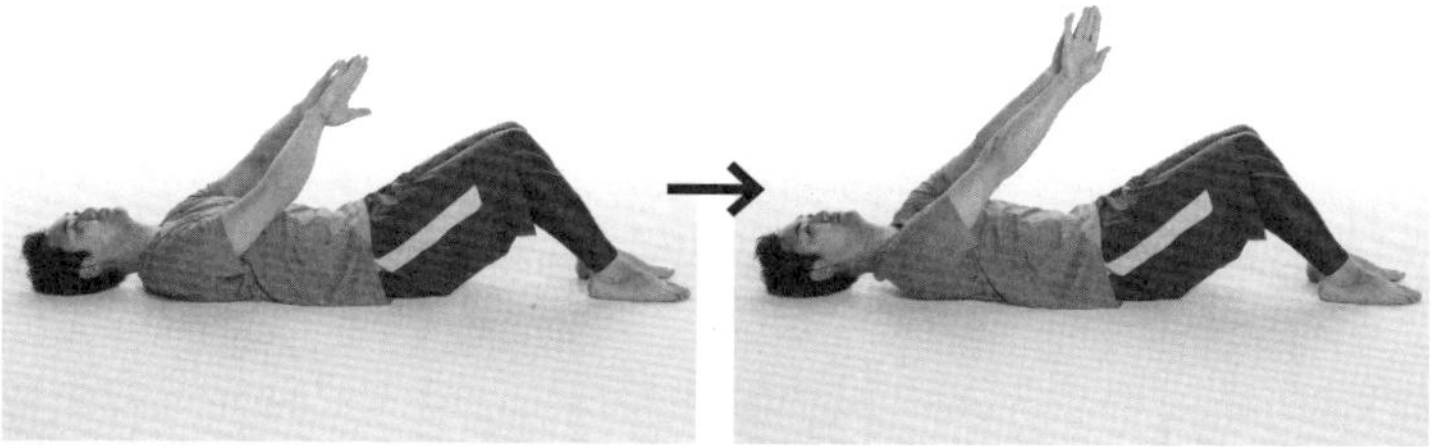

前鋸筋の関トレ

1. 仰向けになり、両手を斜め上に伸ばし（脇の角度が45度くらい）、親指から内側に回して、右手の甲と左手の甲とを合わせる。
2. そのままの姿勢で、肩がすぼまないように、指、肘、腕を力いっぱい伸ばし10秒間キープ。このとき両脇の下あたりに力が入る。
3. これを3～5セット繰り返す。立っておこなってもよい。

NGポーズ

・肩がすぼまっている

肩を安定させる関トレ

こんな症状などに効果的

- 肩が痛い
- 肩こり
- 首こり
- 腕が上がらない
- 五十肩
- 物を投げるときに痛い
- ルーズショルダー

など

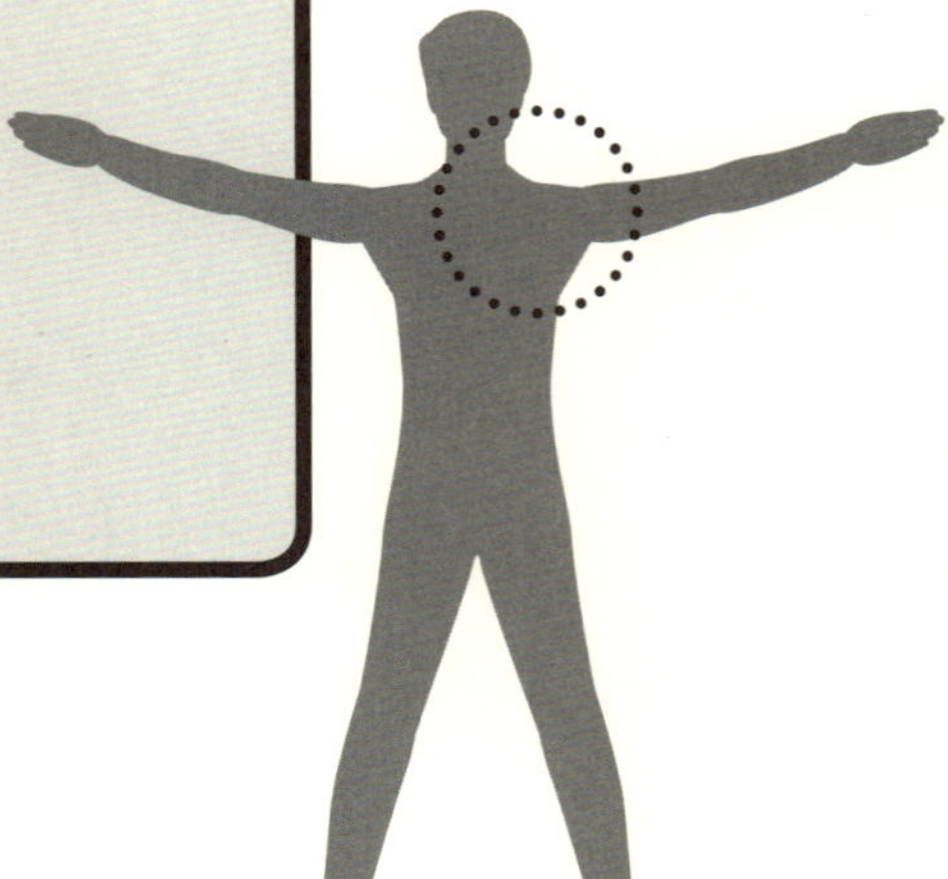

○肩の働き

腕を上げたり下げたり、ひねったり、ボールを投げたり、こうした動きができるのは肩関節のおかげです。肩には肩甲上腕関節、胸鎖関節、肩鎖関節の関節がありますが、関トレで鍛えるのは、肩甲上腕関節です。

○肩甲下筋（長頭）・上腕三頭筋の働き

肩甲下筋は肩関節の前方を覆う最も深部にある筋肉です。肩関節が脱臼しないように働いているのがこの筋肉です。隣り合わせについている前鋸筋も一緒に働きます。後ろに手が回りにくい人はこの筋肉の力が低下しています。

上腕三頭筋は肩関節を外側にねじる際にとても重要な筋肉です。さらに上腕二頭筋という力こぶをつくる筋肉と同時に働くと、肩甲骨に上腕骨を押し付けるように働くため、肩の安定性に非常に強い影響を及ぼします。男性ならこの筋肉が発達しているとカッコよく見えます。菱形筋と一緒に働くので、肩を最大限振り上げる際に強く働きますが、そのときに痛みがあるならばこの筋肉の働きが低下している可能性があります。

肩甲下筋の関トレ

1.肩の力を抜いて立ち、右手を背中に回し腰のあたりで肘を曲げて、右手のひらは床面に向くように手首を返す。
2.左手で右の前腕を上から押さえつけると同時に、右手のひらは床面を向いたまま左手を押し返すようにして10秒間キープ。このとき右肩の前面に力が入る。
3.これを3〜5セット繰り返す。反対側も同様におこなう。

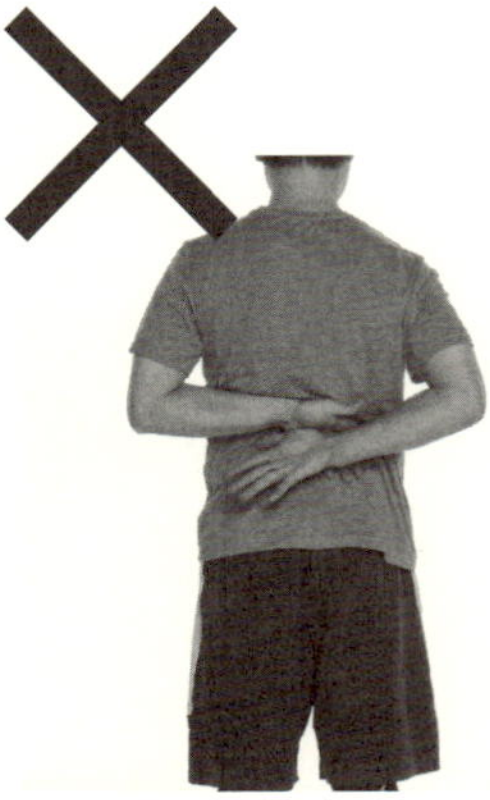

NGポーズ

・右手が後ろを向いている

→

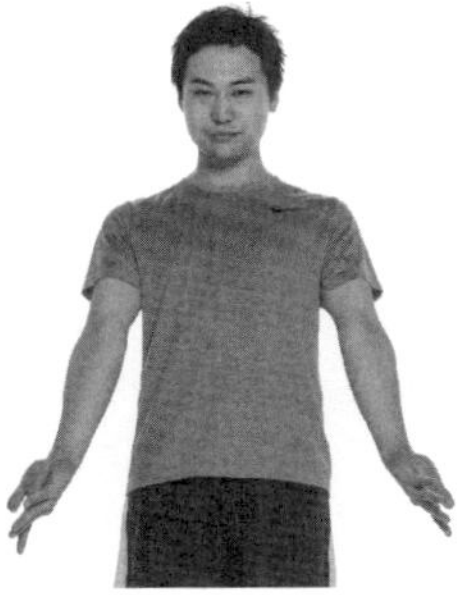

上腕三頭筋（長頭）の関トレ

1.肩の力を抜いて立ち、肘を曲げ両手のひらを外側に回して脇を締める。
2.そのままの姿勢で、肩が上がらないように、力いっぱい脇を締めながら肘を伸ばし10秒間キープ。このとき上腕三頭筋に力が入る。
3.これを3～5セット繰り返す。

NGポーズ

・手が内側を向いている
・肩が上がっている

肘・手・指関節を安定させる関トレ

こんな症状などに効果的

・手を握ったり開いたりがスムーズにできない
・指の動きが悪い
・握力が落ちた
・肘が痛い
・手首が痛い
・腱鞘炎
・指の節が腫れる
など

○肘・手首・手指の働き

肘関節は、橈骨（親指側の骨）と尺骨（小指側の骨）と呼ばれる前腕の2本の骨と上腕骨からできており、曲げ伸ばしや回旋運動ができるようになっています。細かい手仕事ができるのは手首や指の関節があるからです。指には筋肉がなく、この手首から肘にある筋肉が指の腱とつながることで指を動かしています。関トレでは肘、手首、指の関節を同時に安定させる筋肉を鍛えます。

○橈側手根屈筋・尺側手根屈筋の働き

橈側手根屈筋は母指球の筋力に強く関与する筋肉です。この筋力が低下すると、母指が反り上がりすぎて力が入らなくなります。指の節が腫れたり、何度も指の炎症を繰り返したりするのはこの筋力の低下が原因です。手首（腱鞘炎になるところ）が痛いのも、同じくこの筋力の低下が原因です。

尺側手根屈筋は小指球筋に力を入れる際にとても重要な筋肉です。小指側の筋肉なので握力の強さや手首の強さに直結します。この筋肉が弱ると指が過緊張になって指先に力が入りやすくなります。指の第一関節が痛いという人の多くはこれが原因です。

橈側手根屈筋の関トレ

1. 招き猫のように両腕を体の前で曲げ、特に両手の親指、人差し指、中指に力を入れしっかり握りこぶしをつくる。
2. 両脇を締めて、こぶしが横を向かないように手首を真下に曲げ10秒間キープ。
3. これを3〜5セット繰り返す。

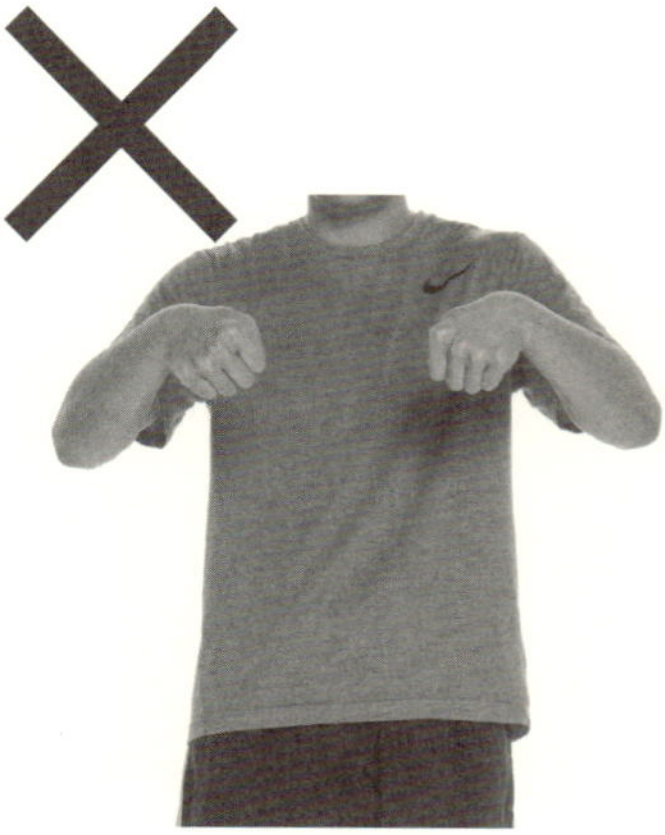

NGポーズ

・こぶしが横を向いている
・脇が浮いている
・肩が上がっている

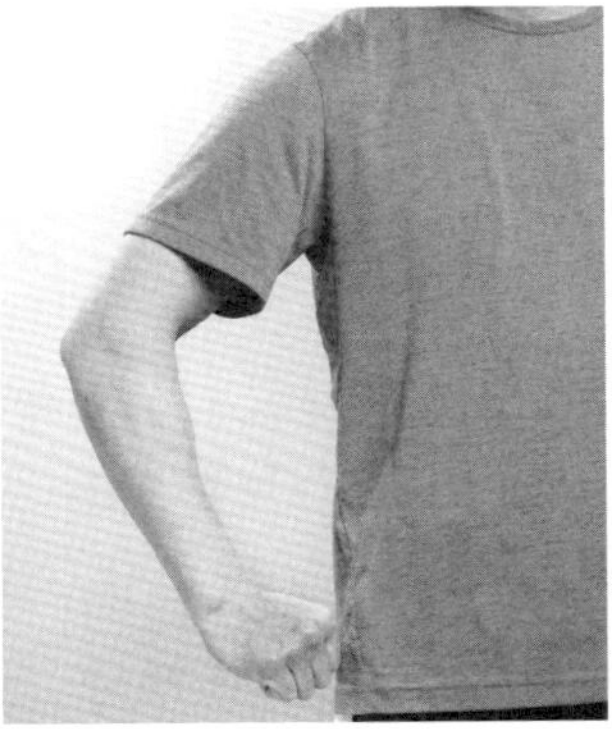

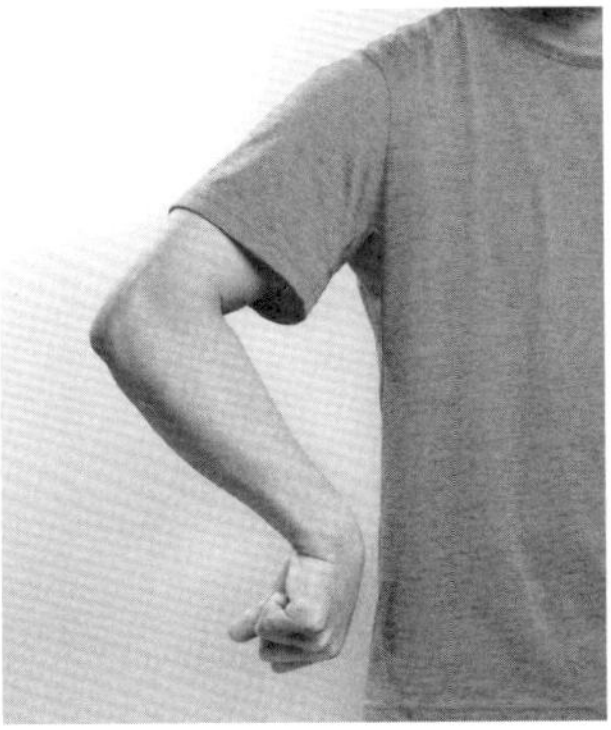

尺側手根屈筋の関トレ

1.肩の力を抜いて立ち、右肘を軽く曲げてそのまま手を握る。
2.小指と薬指を強く握りながら、手首を体の外側に曲げて10秒キープ。
3.これを3～5セット繰り返す。反対側も同様におこなう。

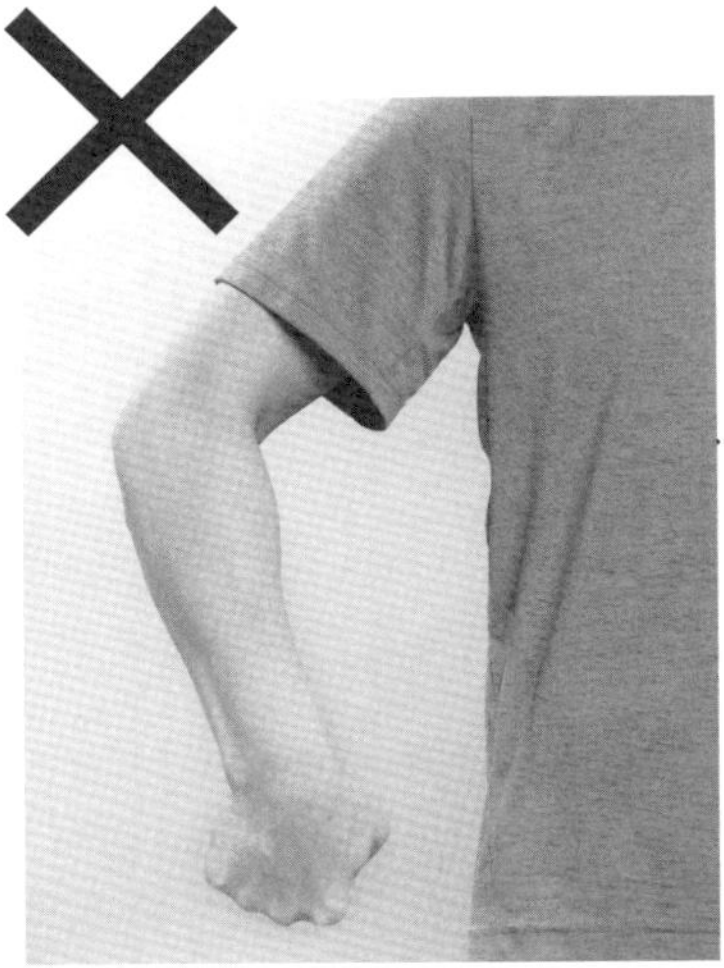

NGポーズ

・手首を背中側に曲げている
・小指がしっかり握れていない

コラム3

機能的な体は高いパフォーマンスを生み出す

マッチョな見た目を目指して日々トレーニングに励む人もいるのでは？

シックスパックの割れた腹筋、ボクサーのような躍動感のある背中、力こぶが出る腕など、見た目でわかる、あるいは見た目をよくする筋肉は、腹直筋、大腿四頭筋、僧帽筋などいろいろあります。しかしその多くは、関節を守る機能的な筋肉ではありません。見た目のよい体と機能的な体は異なるのです。

スポーツ選手をみてもその体の違いがわかります。たとえば、機能的な体はサッカー・ポルトガル代表のクリスティアーノ・ロナウド選手のような体つきです。彼の体はボディビルダーのようにごつごつした感じというよりも、胴体が丸くしなやかな感じがしませんか。これは関節を守る筋肉の腸腰筋や多裂筋、腹横筋が非常に発達しているからです。関節を守る内側の筋肉が安定しているので、腹筋や背筋などのアウターマッスルは必要以上に使うことはないため、不必要に大きくなることはありません。アウターマッスルの美を競っているボディビルダーの筋肉とは違うのです。

ロナウド選手のように関節を守る力が高い機能的な体は相撲の力士にもみてとれます。力士の股関節がやわらかいのは、殿筋や腸腰筋といった大きな筋肉を使うトレーニングをしているからです。しこを踏んでいるときの姿勢は、腰は丸まらずまっすぐになり、しっかり立っています。つまり股関節が曲がっている状態です。足やお腹の脂肪があるにもかかわらず腰を深く落とせるのは、股関節を深く曲げられるからです。つまり、股関節を守る筋肉がしっかりしている証拠です。さらに、膝も前に出ずに思い切り曲がっているので、ほとんどお尻の筋肉だけでこの姿勢を保っています。体の硬い人、スクワット姿勢をとれない人は股関節の大きな筋肉を使えないので、ほかの関節に負担がかかりやすく、動作の初動が遅れたり、パワーの低い動作になったりします。巨漢の力士たちが素早い立ち合いでぶつかり合えるのも、関節を守る力が高く、瞬発力を発揮できるからです。

また、スプリンターの体形をみると、太腿の前面よりも臀部やハムストリングス、腸腰筋の筋肉が非常に発達しているのがわかります。これは股関節、腰、膝を守る力が強いということです。こうした筋肉がしっかり鍛えられているので、スタート時に大きな蹴り出しが可能なのです。

わたしの関トレ体験

「ぎっくり腰がなかなか改善しなかったので薬を飲んでいました。でも、関トレをしてからは腰痛もなくなり、薬なしの生活に」(50代・男性)

「炊事をするときに立ちっぱなしになると、腰がとてもつらくて。でも今は問題なく皿洗いなどができるようになりました」(60代・女性)

「ふくらはぎがよくつっていましたが、足首の関トレで改善しました」(70代・男性)

「歩くとすぐに足がだるくなって動けなくなっていたのですが、今は腰の痛みもなく、楽に歩けるようになりました」(80代・男性)

「腰が痛くなってから、首のまわりまでこり固まってしまい……。デパートの販売員をしていたのでずっと立ちっぱなしで辛かったのですが、今は首や腰の痛みもなくなり、仕事も問題なくできています」(50代・女性)

「肩から肘までしびれるような痛みが出て、肩をほとんど動かせなかったのですが、肩甲骨の関トレで違和感なく上げられるようになりました」(50代・男性)

「足が夕方になると重くだるい感じになっていたのですが、関トレを始めてからはむくみがぜんぜん気にならなくなりました」(50代・男性)

第4章

関トレなんでもQ&A
トレーニング&スポーツ

ケガの予防だけでなく、競技能力を上げたい人にとっても関トレは効果的です。全国大会レベルで成績を残そうと頑張る中学生や高校生、チャンピオンスポーツに取り組むアスリートにとっても、関節を守る力を高めることはパフォーマンスアップにつながります。中高生の場合は成長期とも重なります。体が大きくなって使う筋肉の量が圧倒的に増えれば、関節への負荷も高くなりケガをしやすくなるでしょう。パフォーマンスの低さに悩んでスポーツをやめてしまうケースも少なくありません。関トレはケガ予防に加えフィジカルパフォーマンスを上げるので、この時期の子供たちには大きく貢献できると考えています。実際、前述したように、私がトレーナーをしている高校のバレーボール部員も競技力は大きく向上しています。

私も剣道で竹刀を打つときの力（打突力）は確実に強くなり、1本がとりやすくなりました。体をフルに使える状態なので、これまで打てなかったところに打てるようになったり、打てる範囲が広がったり、次の動作への移行が速くなったのを感じています。このような関トレの効果は、ほかのスポーツで関トレを実践している選手やコーチからも聞きます。

本章では、関トレを実践するにあたってよくある疑問、不安にお答えし、競技別の効果について解説します。

トレーニング

Q.

関トレの効果はどのくらいで出ますか？

A. 一時的には、実践直後に出ます。

関トレはおこなった直後から効果が得られ、痛みがなくなったり、姿勢が変わったりします。しかしこれは一時的なものなので、まずは2～3週間続けることを目指してください。個人差はありますが、毎日継続して正しいフォームでおこなえば、1～2週間で筋力がついて状態はかなり改善します。関節運動が改善し、動きにくかった関節のすべりがよくなり、動きがスムーズになります。痛みを感じていた関節では、いつもよりも痛みが弱い、痛み出す時間が遅い、痛みが出ている時間が短くなるといったように症状がどんどん軽くなっていき、関トレを継続していくと痛みはなくなるでしょう。

トレーニング

Q. 関トレをする、ベストな時間帯はありますか？

A. **より高い効果を得るには朝おこなうのがおすすめです。**

時間帯による効果の変動は、即時効果でいえば朝でも夜でも変わりません。しかし1カ月後など長期でみた場合、朝関トレをすると、正常な関節運動でその日の歩行や運動ができるようになり、弱っている筋肉が鍛えられやすくなります。私自身の経験からいえば、朝おこなう方が効果は高いと思います。

トレーニング

Q. 一度にどのくらいすればよいですか?

A. 毎日、何度おこなっても構いません。正しいフォームでおこなうのが肝心。

基本的には1回10秒×3〜5セットです。関トレは自分が発揮できる力の範囲内で取り組むトレーニングですが、その中で最大限の力を出しておこなうのが基本なのでかなり疲れます。すればするだけ効果が出るので時間をおいて1日に何度おこなっても構いませんが、疲れると正しいフォームがしにくいので注意してください。

Q. 毎日トレーニングをした方がいいですか？

A. 週に1回でもOK。継続することが重要です。

動作を改善させるための筋肉が働きやすくなるので、体を鍛えたい人は毎日おこなったほうがよいでしょう。健康づくりが目的の方は週に1回でも充分効果があらわれます。回数よりも継続することが大事です。

トレーニング

Q.

効果がなかなか出ないときは？

A.

間違ったフォームや力の入れ方になっていないかチェックして。

関トレで効果が出ないのは、トレーニングの仕方が間違っているからです。第3章で紹介した正しいポーズになるように、力が入っている部分を確認しながらおこなってください。

また筋力が低下している筋肉は普段使っていないため、トレーニングをしようと思ってもうまく力が入らず、間違ったフォームになってしまうことが多いです。スマートフォンなどで誰かに動画を撮ってもらって、自分でフォームを確認するなどして正しいフォームでおこなってください。

Q. トレーニングをして痛みが出た場合は？

A. 筋肉痛が出ることも。それ以外はフォームが間違っている可能性も。

働かそうと思っている筋肉の筋肉痛なら問題ありませんが、それ以外の痛みが生じる場合はトレーニングの方法が間違っていることが非常に多いです。

たとえば腸腰筋のトレーニングをして股関節の付け根に強い痛みが生じる場合は、腸腰筋の働きすぎか、股関節の炎症が原因です。その場合は、股関節を安定させる多裂筋のみのトレーニングだけをおこなってみてください。

トレーニング

Q. 慢性的な痛みがあるときは？

A. 関トレで関節を守る力を高めると早くとれます。

痛みが出ている場合でも、その部位を動かした方が早く治ります。たとえば五十肩で夜も痛くて眠れないケースでは、肩関節に炎症が起きていることが考えられます。その場合は肩関節の関トレのひとつ、肩甲下筋のトレーニングを痛みのない範囲でおこなえば1週間ほどで痛みが改善していきます。もし全く動かさないで安静にした場合は痛みが1カ月以上続くこともあります。日常動作での負担が減らなければ痛みは改善しませんので、動かして関節を守る力を高めた方が早くとれるのです。これは足首の捻挫でも同様です。

トレーニング

Q. 関トレをしてはいけないときは？

A. 骨折や腫れ、ズキッとした痛みがあるときは控えてください。

トレーニングをしてはいけないのは骨が折れて全く動かせないときや、腫れが強すぎてちょっと動かしただけでも痛いときくらいです。特定の関トレをしたときだけ「ズキッ」と強い痛みが出る場合は、そのトレーニングは控えましょう。「ズキッ」とする痛みはいわば危険信号。関節が外れる方向へ力が働くとき出る痛みです。

トレーニング

Q. 筋肉痛のときは関トレをしていいの？

A. しても問題なし！　でも痛みが強いときは無理する必要はありません。

ボディビルダーのように筋肉を大きくしたい場合は、筋肉を休ませることも必要ですが、関節を安定させる力をつけたい場合は、筋肉痛になっても関トレは続けて構いません。関節を安定させて動作の改善を目的とする場合は筋肉痛でも12種類の関トレをおこなうことでよい動作が維持できるようになります。ただ痛みが強い場合は無理しておこなう必要はありません。

部位にもよりますが、たとえば大腿前外側部の筋肉痛は、内転筋が弱い状態で走り込みなどをするとあらわれやすくなります。こういった場合はむしろ使っている部位が偏っているので積極的に関トレをしてください。

また、関節痛を治すという点では、休んで治すのはおすすめしていません。休んで体にかかる負荷を弱めて関節の痛みが治ったとしても、また動いたときに再発するためです。

トレーニング

Q. 体力が落ちたと感じます

A. 下半身の関トレで体を支える力をつけましょう。

体力が落ちたと感じたときはまず下半身の関トレをして体を支える能力を高めましょう。そうすれば、地面に対してまっすぐ体重をのせられるようになるので、全体的に筋力がつき疲れにくくなります。関トレをせずに歩行のみのトレーニングをすると、疲労が強まったり関節痛が生じたりします。

トレーニング

Q. 体幹トレーニングはした方がいい？

A. 関トレで筋肉をバランスよく使える体にしてから体幹トレーニングを。

巷《ちまた》でおこなわれている体幹トレーニングは、体をまっすぐに保っておくという動作です。自分の使いやすい筋肉を使って姿勢を保とうとするため、たとえば横向きで肘と足だけで支えるサイドクランチのような姿勢を保とうとすると腰が引けた姿勢になりやすいです。

弱っている筋肉を使わずにいると、スポーツ選手でも正確な体幹トレーニングはできません。体幹トレーニングより先に、多裂筋（腹横筋）、腸腰筋といったインナーマッスルを個別で鍛える関トレをおこないましょう。その後に体幹トレーニングをおこなうと、今まで弱くなって使われていなかった筋肉を使えるようになるため、より効果的に体幹が鍛えられます。

野球

Q. 投球時やバッティング時に、体が開いて体重がうまくのらない

A. 股関節の関トレで軸足を安定させましょう。

野球の投球やバッティングの際に体が開いてしまうのは、軸足を安定し続けることができず、踏み込み足が先行してしまうことが原因です。そのため、投球では上半身が早く投げる動作に入ってしまい、バッティングでは腰が引けて手打ち（腕力や手先だけでボールを打ち返すこと）の状態になります。特にこの2つの動作（投球とバッティング）は最大限のパワーで繰り返すので、す

ればするだけ腰が引けやすい動作になり、腰痛やケガにつながったり関節周囲の筋肉が硬くなったりします。

軸足を安定させるにはまず、最も重心に近い股関節周囲の筋力が必要になります。関トレでいえば腸腰筋と多裂筋のトレーニングです。股関節が安定しないと骨盤がぐらぐら動いてしまい、腰や太腿に力が入りやすくなります。そうすると体重はつま先にのりやすくなり、かかとで踏ん張れず、お尻に力が入りません。繰り返しますが、腸腰筋や多裂筋を鍛えれば、軸足のかかとへしっかりと体重をのせられるので安定するのです。

また、この軸足の安定性はスクワットを片足でおこなうときに顕著にあらわれます。片足でスクワットをした際、股関節はしっかりと曲がるのにぐらぐらして安定しないのは足首が不安定なためです。股関節周囲が安定してから後脛骨筋や腓骨筋を鍛えると、体重が外側にのったときは腓骨筋（外側にある筋肉）で支え、内側に入りすぎたときは後脛骨筋（内側にある筋肉）で支え、軸足が安定します。股関節だけを安定させればよいわけではありません。

野球

Q. 投球時に肩が痛い

A. 肩の関トレで前鋸筋と肩甲下筋を強化すれば痛みはなくなります。

アマチュアでもトップアスリートになれば、球速は100km／h以上になります。100km／hを出そうとすれば、空気抵抗があるために100km／h以上の速度で腕を振らないといけません。投げ続けるためには、そのスピードと負荷に耐えられる肩関節が必要です。投球時に肩が痛くなるのは、無理して投球を続けてどんどん負荷が増えていき、肩関節を動かす力が守る力を上回るからです。

肩関節と肩甲骨は、前鋸筋、菱形筋、肩甲下筋、上腕三頭筋（長頭）という筋肉で守られています。前鋸筋と肩甲下筋の力は特に低下しやすく、野球選手を悩ませます。後ろに手が回らない、回りにくいという状態になっていれば、間違いなくこの2つの筋肉の力が低下しています。投球動作では前鋸筋と肩甲下筋の筋力が最も必要です。肩関節の関トレでこの2つの筋力を落とさないようにすることで痛みやケガの予防になります。

野球

Q. ベースへの初速が遅いし、低いボールをとるのが苦手です

A. 股関節の動きが悪いのが原因。腰と股関節の関トレで強化を。

ベースへの初速が遅かったり、低いボールをとるのが苦手だったりするのは、股関節が不安定に（弱く）なっている証拠です。関節を守る力が衰えてくると、大きな関節運動ができなくなります。こうなると速く走れない、初速が遅くなる、低いボールがとりにくいといったように、パフォーマンスに

強く影響します。こうしたケースでは腰と股関節の関トレが有効です。

特に多くみられるのは、内転筋の筋力が衰えてハムストリングスが非常に硬い状態です。でも、関トレをすると自然に関節は安定して大きく動かせるようになり、自然に筋肉はやわらかくなります。よく股関節が硬い、体が硬いという悩みを聞くのですが、野球において体のやわらかさが不可欠かといえば、必ずしもそうではありません。体が硬いこと自体が悪いのではなく、関節の動きが小さくなってしまうことが問題なのです。関トレで関節を守る力をつけていけば、自然に関節を大きく動かせるようになり、体はやわらかくなっていきます。関節が不安定なままストレッチだけおこなってもあまり効果はありません。関節が外れるような大きな動きのストレッチはかえって関節を痛める原因になります。

バレーボール

Q. スパイクを強く打てない

A. 腰と股関節を強くして空中動作を安定させ、肩の関トレで上半身を強化して。

スパイクを強く打てない要因は大きく分けて2つあります。ひとつは空中動作が不安定であること、もうひとつは上半身の筋力が弱いことです。

そもそも強いスパイクを打つには、ジャンプした際には腰が反り、股関節が後ろへ伸びる安定した空中動作が必要です。

空中動作が不安定になるのは、ジャンプしたときに腰が引けてしまうからです。腰が引けるのは腰や股関節が不安定になっているからなので、2つの関節を守っている腸腰筋や多裂筋（腹横筋）がしっかり働くよう腰と股関節の関トレが有効です。

また強いスパイクを打つには、ボールに体重をかけられることが重要です。腕を振り上げる際には菱形筋という肩甲骨の筋肉が、腕を振り下げてボールを打つ瞬間には前鋸筋の筋力が必要です。この2つの筋肉を肩甲骨の関トレで強化すれば、強く打てるようになります。さらに、スパイクのときに肩が痛い場合は肩関節が弱くなっているので、肩の関トレをおこなってください。

バレーボール

Q. ブロックがうまくなりたい

A. 腰と股関節の関トレで空中で腰が引けない姿勢を保てるようになります。

ブロックの得手不得手にも空中動作が関係しています。ジャンプした際につま先が前方へ移動してしまう人は、若干でも股関節が屈曲し腰が引けている状況です。腰が引けているので相手のスパイクに負けてはじかれたり、思っている以上にボールの衝撃を強く感じたりします。また、高くジャンプすることもできません。

スパイクについてもいえることですが、多裂筋（腹横筋）の筋力が弱いと腹斜筋や腸腰筋が過剰に働き出し、簡単に腰が引けてしまいます。前方へ速く走るような陸上競技では腸腰筋やハムストリングス、腹斜筋の筋力は重要になるのですが、高く跳ぶ必要がある競技では、多裂筋や内転筋といった体を反り上がらせるための筋肉が重要なのです。

また、足首の捻挫を繰り返している人は足首が弱くなっているため、せっかく床を蹴って高く跳ぼうとしても床から跳ね返ってくる力を受けきれずに高く跳べません。疲労するとすぐにジャンプ力が落ちてしまう人は、足首の筋力が弱い場合が非常に多いのです。

バレーボール

Q.

低いボールがうまくレシーブできない

A.

股関節と足首を強くすれば低い姿勢がとれレシーブ力が向上。

レシーブがうまい選手は、しっかりと股関節を開いてスクワットよりも低い姿勢をとることができます。レシーブがうまくできないのは股関節の可動域が狭いのが原因です。腸腰筋や内側ハムストリングス、多裂筋（腹横筋）や内転筋が働かなければ股関節は正常に働かないので、股関節を曲げたときに腰も同時に曲がってしまうのです。こうなるとボールの芯をとらえて返すことができず、ボールが思ったところへ返らないことが多くなります。

また、腰が曲がるのには股関節周囲だけでなく、足関節の筋力も強くかかわってきます。足首が硬い人はかかとが浮いたままだったり、かかとが床についたまま膝を前方へ出そうとしたりするので腰が曲がります。

レシーブやラグビーのタックルのような低い体勢で前進する際は、股関節、膝関節、足関節の筋力がしっかりと備わっていないと、体勢を保つことができず高いパフォーマンスが発揮できないのです。

マラソン

Q. 正しい走り方を身に付けたい

A. 下半身の関トレで膝に負担がかからない正しい動作になります。

走るときに膝が内側へ入ってしまう「ニーイン走行」を繰り返すと、膝の外側が痛くなっていきます。膝を内側へ入れすぎながら走っていると、膝が内側へねじれないよう自然に大腿筋膜張筋という筋肉が働きすぎるため膝の外側が痛くなるのです。

逆に膝が外側へ逃げてしまう「ニーアウト走行」は、外側広筋や中殿筋など外側の筋肉が過剰に働き、疲労しやすくなります。内転筋が弱くて内側ハムストリングスが過剰に働きやすくなるので、走っているときに膝が曲がりやすくなり、膝の内側が痛くなるケースが多いようです。

膝が内側に入るでもなく、外側に逃げるのでもなく足がまっすぐに（脛骨が地面に対して垂直に）接地する走り方が理想です。とはいえ、動作を修正しようと意識するだけでは根本的に動きは変わりません。これまで本書で述べてきた通りです。

下半身の関トレをすべておこなうと地面に対してまっすぐ足を蹴ることができるので、速く、疲労なく走り続けることができます。

マラソン

Q. 腕をスムーズに振りたい

A. 肩甲骨の関節を強くすれば、肩や首の筋肉のこりがなくなり腕振りもスムーズに。

片腕の重さは約4kgあります。それを両肩にぶら下げて何時間も走るとなると、約8kgの荷物を両腕で持ちながら走っているのと同じなので、普段は気にしていない腕の重さも非常に負荷の強いものになります。肩甲骨が不安定な人は、肩甲挙筋や斜角筋といった肩こりや首こりを引き起こす筋肉が過剰に働きやすくなります。腕をスムーズに振るためには、こうした筋肉のこりを防ぐことが肝心です。

単に走る動作でも腕を振っている以上、肩関節や肩甲骨、頸部の関節に負担をかけています。肩甲骨を安定させれば肩甲骨から首についている筋肉は働かなくてすむので、走行中の肩こりも起こりません。

マラソン

Q. レースの後半でもスピードを保ちたい

A. 下半身の関トレをすればエネルギーロスの少ない走り方になります。

フルマラソンで30㎞以降、腰が落ちて失速してしまうという悩みもよく聞きます。走行中、腰をまっすぐにしたフォームを保つには、多裂筋（腹横筋）を働かせて骨盤を前傾に保たなくてはなりません。しかし疲れてくると腰が丸くなっていき、腸腰筋や内側ハムストリングスが過剰に働き出します。内側ハムストリングスは膝を曲げる筋肉で膝の緩衝動作をおこなうのですが、働きすぎると膝を曲げて走るようになるので、重心の上下動が多くなりロスの多い走り方になります。つまり、多裂筋（腹横筋）が働かずに骨盤前傾位を保てなくなると、膝の屈伸が大きくなり体にもともと備わっているエネルギーを活用できず失速してしまうのです。

マラソンで競技能力を高めたいなら、股関節、膝関節、足関節のトレーニングをして同じ姿勢で走り続けられる体をつくりましょう。

マラソン

Q. すねの内側や足裏の痛みは防げるの？

A. 足首を守る筋肉を強くすれば、足のトラブルを防ぐことができます。

長距離ランナーは膝だけではなく、ふくらはぎや足首、足の指のケガも多く起こります。足の故障で多いのが、足の裏が痛くなる足底腱膜炎やすねの

ゴルフ

Q. スイングを安定させたい

内側が痛くなる「シンスプリント」です。

後脛骨筋は足の裏のアーチを上げる筋肉ですが、この筋肉の力が低下すると舟状骨が落ち込んでローアーチになります。これは後脛骨筋が伸び切った状態なので、走る動作を繰り返せば後脛骨筋の付着部で牽引《けんいん》ストレスとなってシンスプリントになります。一方、腓骨筋の力が低下するとハイアーチとなります。土踏まずが浮きやすくなると母趾球を中心とした足の屈筋が過剰に働き出します。つまり、ローアーチでもハイアーチでもシンスプリントを起こす状態になってしまいます。これらを治すためには後脛骨筋と腓骨筋の筋力を改善させる足首の関トレが有効です。

A. 股関節を強くしてスムーズな重心移動が可能になれば安定したスイングに。

ゴルフや野球、テニスなど、道具を使っておこなう競技ではスイングの精度が問われます。特にフルスイングで思い切り振ってしまうと、強いインパクトは可能になりますが、狙っている方向へボールが返らないことがしばしばあります。ですから競技者は、上手に重心移動をすることで、精度とパワーを保っています。

重心移動をスムーズにするには、股関節を外側に開いたり内側へねじったりが不自由なくできることが必須です。しかし、筋力が低下すると、これが困難になっていきます。

重心移動で大切なのは、重心に近い骨盤と股関節です。股関節をうまく使えるようになれば力まずに強いスイングが可能になります。股関節が不安定だと、可動範囲が狭くなるので腰に負担がかかるか、腰が引けて体重がのらないスイングになるかのどちらかになります。人は狙いを定めてボールを当てようとしても、脳が命令する動作と実際におこなう動作には乖離《かいり》が生じます。〝百獣の王〟を目指しているタレントの武井壮さんは「腕を上げた際に自分が思ったところに腕が上がっている能力は、スポーツにとても重要」と話していました。この能力はまさに、脳からの命令と実際の動作に差がないことなのですが、肩関節に痛みや潜在的な筋力低下が存在している場合、自分の思い描く動きが再現できなくなります。自分が「ゴルフボールをクラブのここに当てよう」と狙ったとしても実際の腕の動きにはずれが生じるのです。

関トレをおこなうことで正確に動ける体になれば、この小さなずれを修正でき、ゴルフではボールの芯をとらえること、狙った方向へ正確にショットすることにつながります。

肩甲骨から手首にかけての筋肉、菱形筋、前鋸筋、肩甲下筋、上腕三頭筋長頭、橈側手根屈筋、尺側手根屈筋はどうしても微小なストレスにより筋力が低下しやすいので、道具を使う競技では競技前、練習前にはこれらの筋肉を強くする関トレを必ずおこなってください。

ゴルフ

Q. 飛距離を伸ばしたい

A. 肩関節が安定すれば力強いインパクトが可能になり飛距離が出ます。

体型が小柄、身長が低いなど、体格が小さい人からよく相談されるのは、飛距離がほしいという悩みです。スピードとパワーを出すためのメカニズムはアスリートでも高齢者でも同じなので、関トレでスピードとパワーをつければ、飛距離を伸ばすことができます。

特に上半身のパワーをつけたい人は、肩の関トレで前鋸筋と肩甲下筋の筋力をつけるといいでしょう。なぜなら、前鋸筋と肩甲下筋は肩関節の前面に位置する筋肉で手を前方へ出したときには短くなります。ゴムでたとえるとたるんでしまっているような状態です。肩を痛める人はこの２つの筋肉が弱っていることが多いです。

さらに、人間の動作は手を前方に出す動作が非常に多いので（特に道具を使うときは）前鋸筋や肩甲下筋の筋力が低下していると、肩を前方へ出した際に力を発揮できずに弱々しい動作になってしまいます。逆にいえば、この2つの筋肉が強い人は打撃の強い動作が可能です。ハードパンチャーや生まれつき肩が強い人は、前鋸筋と肩甲下筋が発達しています。ただ前鋸筋や肩甲下筋ばかり鍛えていくと、相対的に背中側の肩甲骨を守る菱形筋や上腕三頭筋は弱くなります。したがって、首の後ろがこったり、腕を引くような動作がしにくくなったりするので、肩の関トレだけおこなうのはおすすめできません。肩と肩甲骨の関トレをおこなえば、ケガをせずにパフォーマンスは劇的に向上していきます。

前鋸筋、菱形筋、肩甲下筋、上腕三頭筋の肩まわりの4つの関トレをすると飛距離は伸びます。

ゴルフ

Q.

ラウンド後に肘が痛くなる

A.

手首を安定させる前腕の筋肉を鍛えればゴルフ肘を予防できます。

「ゴルフ肘」と呼ばれる肘の痛みを訴える方が非常に多いです。しかし、シップを貼ったりサポーターをつけたりするだけで、根本的な対処をしている方はほとんどいません。

手首と肘を安定させる橈側手根屈筋という筋肉が弱くなると肘痛につながります。この筋肉は手のひらが下を向くような動きをするときに重要な筋肉です。ボールがドライバーにあたって手首を返していく際にこの筋肉が働きます。「かぶせるように」と指導されることが多いようですが、手首を返せない人はこの筋肉が弱っている傾向にあります。橈側手根屈筋が衰えてくる

水泳

Q.

ストリームラインを保ちたい

と、肘が曲がって脇が浮いてしまいます。こうした姿勢でスイングを続ければ肘に大きな負担がかかります。

肘の内側と外側は本来なら均等に筋肉が盛り上がります。肘や手首のケガをしている人はここが不均等になり、関節や筋肉の付着部にストレスが生じやすい状況になります。両手のひらを上に向けて、手首から肘の形を比較してみてください。左右差が大きくある人は肘痛につながる可能性もあります。

ゴルフ肘は初心者に起きやすいといわれていますが、熟練者でも肘の内側の筋肉が衰えればゴルフ肘になるのです。肘の痛みが出ないように、手首を守る関トレで橈側手根屈筋（長掌筋）と尺側手根屈筋を鍛えましょう。

水泳

Q. クロールの腕の動きがうまくできない……

A. 腕の動きをスムーズにするには、肩関節、腰、股関節の強化が肝心です。

A. 関トレで体幹部を大きく動かせるようになると姿勢を維持できます。

両腕をまっすぐに進行方向に伸ばすことで、水の抵抗力を最も受けない姿勢のストリームライン。肩や肩甲骨が硬かったり、腰が弱かったりするときれいに保てません。腸腰筋や多裂筋、菱形筋、前鋸筋、肩甲下筋、上腕三頭筋の6つの筋肉を鍛えると体幹部を大きく動かせるようになり、ストリームラインを長く保てます。

クロールをするときに腕を前にすべらせるように伸ばす動作をグライドといいます。グライドが上手にできない、つまり腕を伸ばせない理由は2つあります。ひとつはリカバリー（腕が水面から出て入水に至る場面）で、肩甲骨を外側に引っ張る動きができないこと。もうひとつは、泳いでいるときに腰が引け、腕や肩を伸ばすことができないことです。腰や股関節が安定しないと腰が引けたような泳ぎ方になります。

つまり、グライドで重要なのは、肩関節、腰、股関節です。腕を前に伸ばして入水するときには、肩関節を守る前鋸筋を使います。腰を伸ばして安定させるために必要なのが多裂筋と腸腰筋です。ここで多裂筋が弱くなって腹斜筋が強く働きすぎると、体の奥の体幹部分でねじれ運動ができなくなり、腰が落ちる動作になってしまうのです。

ちなみに、腰と股関節を安定させる腸腰筋と多裂筋（腹横筋）では、圧倒的に多裂筋が弱い人が多いです。日本人なら8：2くらいの割合で、多裂筋が衰えている人が多いです。したがって腰と股関節を守る2つの筋肉をバランスよく働かせることが肝心です。

水泳

Q. クロールで肩の痛みが気になる

A. 肩関節を支える前鋸筋や肩甲下筋の筋力を高めれば痛みがなくなります。

水泳は腰から上半身の動作が大きいため、肩や腰の痛みに悩む方が多くい

グライド姿勢を保つには体幹が大事といわれていますが、体幹部でも腹筋だけ鍛えて腹筋と背筋がアンバランスになっている人が非常に多く見受けられます。これを簡単に調べられるのが、サイドクランチ（横向きになり肘と足で体を支える体幹運動）です。この運動をした際に腰が引ける場合は、泳ぐ際にも腰が引けて適切なグライド姿勢がとれない人が多いです。この場合も腰と股関節の関トレが有効です。

ます。ゴルフの項でも解説しましたが、人間の腕は肩を前方に動かすことが多いです。水泳でいえば腕をかく動作です。このときは肩関節を支える前鋸筋や肩甲下筋の筋力が必要になるので、この筋力が低下すると肩関節に痛みが出てくることが多いようです。痛みを放置すると肩の腱板断裂へつながります。

このケースではまず肩関節の関トレを継続してください。

水泳

Q.

バタフライがうまくなりたい

A.

腰の関トレで、反り上がる腰の動きがスムーズになります。

まずは腰を強化しましょう。バタフライは腰の動作が特徴的な泳ぎだからです。水面から起き上がる際は、手の力だけでなく腰の力も使います。潜るときに腰が引けていると水の力をまともに受け、痛みの原因になります。使っているのは腰と股関節を守る、多裂筋と腸腰筋です。腰は、前後についている筋肉（腸腰筋と多裂筋）に均等に力が備わっていれば正常な関節運動をするのですが、腰が反り上がったときに痛みを訴える人は腸腰筋が弱く、多裂筋が過剰に働いています。腸腰筋が弱くなると、腰椎が不安定になるために多裂筋が過剰に働き出し、腰はどんどん反り上がってきます。ひどくなれば関節へのストレスとなり痛みを引き起こします。腸腰筋を鍛えて痛みが少しでも軽減してくれば、次は腸腰筋、多裂筋と交互に鍛えていきましょう。そうすれば腰はどんどん安定し、腰痛がとれていきます。

剣道

Q. 打突力をつけたい

A. 肩と肩甲骨が安定すれば、打突が強くなります。

剣道は右手と右足を前に出して立つのが基本の構えです。竹刀を持つ両手のうち、右手で方向などを微調整しながら左手で力強く打つことで、体幹部はバランスを保って安定していきます。打突時に前に出ているのは右足ですが、体を前進させているのは左足です。この左足の動かし方を「送り足」と呼ぶのはそのためで、この姿勢がうまくとれていれば打突が弱くなることはありません。

打突が弱くなるのは、右手で打ってしまうためです。右手と右足が前方へ出ているのに竹刀を右手で操作すると、左へねじれるように体が開いていきます。体幹が左へねじれながら打突するので、軽い打突になってしまうのです。そうすると左手を軸に竹刀を振ることができないため、右手が利き腕の場合は、利き腕ではない左手首や肩はストレス過多になり、ケガをしたり、またはそれまで以上の強い打突ができなくなったりするのです。

高校生から大学生になると、多くは剣道の基本的な動きができるようになり、右手で打つ癖が修正されてきます。しかし、剣道の未熟練者では送り足や左手での操作がうまくできずに、手と足の動きがバラバラになって打突が弱くなるのです。

利き腕の場合、打突が弱くなるのは、潜在的に左腕の筋力が弱っていることも原因です。特に前鋸筋や肩甲下筋といった肩甲骨周囲や肩関節を守る筋肉が弱いと打突も弱くなりますし、左手で操作できなくなるため体幹が左へねじれやすくなります。

打突力をつけたいのであれば、肩と肩甲骨の関トレで、前鋸筋、菱形筋、肩甲下筋、上腕三頭筋を鍛えてください。

剣道

Q.

遠くまで打突が伸びていかない

A. **下半身の関トレで前方へ重心を早く移動するための筋肉を強くしてください。**

剣道では、ひかがみ（膝の裏）を伸ばして構えます。剣道をしたことがない人は、短距離走のクラウチングスタートのように膝を曲げて前方へ飛び込むことで、早く打突できると思うかもしれません。しかし剣道は対人競技であるため、膝を曲げて一度重心を沈めてから打突に移行すると相手に簡単に動きを読まれてしまいます。そのため重心移動を最小限にしなければならず「ひかがみを伸ばせ」と教わるのですが、これは運動学的にも理にかなっています。

剣道は右手前、右足前となって半身の状態で構えます。ひかがみを伸ばした状態は、ただ単に膝を伸ばして構えているわけではありません。構えると左足はかかとが少し浮いてきますが、それでもかかとに体重をのせていくとひかがみが伸びる感覚が出てきます。これは支点がかかとにできている状態なので、仙骨の前にある重心が前方にあり、支点と重心の関係で体は最も早く、ロスなく前方へ重心を移動させられる状態になります。かかとに体重がのって構えたときは、膝を伸ばすための筋肉である大腿四頭筋にはあまり力が入りません。むしろハムストリングスや大殿筋、腸腰筋といった前方へ重心を早く移動するための筋肉が働き出します。この状態では左膝が曲がらず重心が高い状態を維持することができるので、足幅も大きくなることはありません。

意識してもどうしても左膝が曲がってしまう人は、左下肢の土台である腸腰筋、多裂筋、内転筋、内側ハムストリングスが衰えているため、かかとに体重をのせられずに大腿四頭筋に力が入りやすい姿勢になっているのです。膝を曲げて構えなければ相手に動きを察知されず、足幅も大きくならないので遠くまで打ち込むことが可能になります。

剣道

Q. 打つときに出遅れたり、相手に先に動かれ足が止まったりします

A. 鋭く打ち込むには股関節、膝、足首を安定させることが肝心です。

剣道などでは相手と攻め合っているときに足が止まることを「居着《いつ》き」と呼びますが、この状態は右足中心で体を支えて構えているときに生じやすくなります。右利きの人が多いので右足に体重がのりやすいのでしょう。

いくら意識して左足で送り足をしたとしても、左足の筋力が潜在的に低下しているとどうしても右足に重心がのりやすく、打突に移行する際には一旦、左足へ重心を戻してから動いてしまうため、知らない間に二挙動の動作になります。

左足で常に送り足ができるようになると、二挙動の動きを最小限に抑える

ことができます。左足を安定させるためには、左足にまっすぐ体重をのせることが必要で、このとき腸腰筋や内側ハムストリングス、多裂筋、内転筋の筋力が重要になってきます。

また足の筋肉のうち腓骨筋の筋力の割合が低いと、ハイアーチになりやすく小指側に体重がのっていきます。特に足首はアーチの高低が左右の重心移動の大小を決めるため、腓骨筋も後脛骨筋もしっかりとトレーニングをする必要があります。それにより足首の硬さも解消され、かかとに体重がのりひかがみが伸びている状態をつくり出せます。また、足首の筋力が弱い場合は、蹴り出したときに床から跳ね返ってくる力を受け取ることができず、スムーズに前進できません。

股関節、膝、足首の関トレをすれば、左足重心で素早く打ち込むことができるようになります。

短距離

Q. 腸腰筋やハムストリングスはどの程度鍛えたらいい？

A. 鍛えすぎは鼠径《そけい》部の痛みにつながります。膝を支える内転筋の強化を。

ほとんどの陸上競技の選手は日ごろから「腸腰筋が大事」「ハムストリングスを効かせて走る」ということを意識しています。ですが、その多くは鍛えすぎです。そのため、腸腰筋の張りすぎで鼠径部に痛みを訴えることが非常に多いです。

また、腸腰筋が働きすぎると同時にハムストリングスも過剰に働き硬くなります。その状態のまま全速力で走るとさらに負荷をかけ、当然、肉離れを起こすリスクが非常に高くなるのです。肉離れを起こしやすい人は多裂筋(腹横筋)と内転筋を鍛えることによって、内側ハムストリングスの過剰な働きを抑えることができます。

ハムストリングスは内転筋群の筋力の低下によっても硬くなります。股関節を内側へ折りたたむ筋肉は、内転筋群のほかには内側ハムストリングスしかありません。もし内転筋群の筋力が低下したときには、同じ作用を持つ内側ハムストリングスがそれを補おうとして過剰に働きケガにつながるのです。

予防には、内転筋を鍛えた後にハムストリングスをストレッチしてみてください。そうするとストレッチ時の痛みやストレッチのしやすさが改善されると思います。内転筋群を鍛えたことで内側ハムストリングスは働く必要がなくなったため、ゆるんでやわらかくなったのです。

短距離

Q. 足裏でしっかり地面をとらえたい

A. 足首の改善から始めてください。

地面をしっかりととらえて走るには、足の痛みをなくすことが大切です。スプリンターは足の痛みに悩むことが多く、そのほとんどは、かかとに近い足底腱膜という部位での痛みです。ほかにも足の甲、小指側の足の裏側、アキレス腱などさまざまな痛みを抱えます。

足首の関節を守る腓骨筋の筋力が低下すると、代わりに長趾伸筋という筋肉が働きますが、この筋肉は母趾以外の指を反り上がらせます。ハイアーチが強くて腓骨筋が収縮しにくくなっている人は、足首を下に向けて小指側に動かすこともできなくなります。このような状態になると指は反り上がりやすくなり、足底腱膜を介して舟状骨がヨットの帆を張ったように上がります。すると足の甲が痛くなったり、足底腱膜炎になったりするリスクが非常に高くなるのです。また、体重が小指側にのりやすくなります。これが小指側の痛みにつながり、痛みを繰り返すことで足の疲労骨折にもつながります。

まずは足首の関トレをおこなってハイアーチの症状の軽減から始めてください。

コラム4

関トレは睡眠やメンタルヘルスにもプラス

人生の3分の1の時間を費やすといわれる睡眠。平成28年国民健康・栄養調査では、睡眠で十分な休養がとれていないと回答したのは成人の約20％。心身の疲労を回復して健康を保ち、快適な生活を送るには、よりよい睡眠がとても重要です。

前述しましたが、私たちの体は自律神経に支配されています。自律神経には交感神経と副交感神経があり、睡眠中には副交感神経が働きます。活動中は交感神経が働いているので、この切り替えがうまくいかないとなかなか寝付けません。筋肉が緊張して呼吸が浅くなると酸素の取り込みが悪くなり、体はリラックスできないので睡眠にはマイナスです。

また、枕が合わず肩こりなどになって眠れないこともあります。睡眠時間はとっているのになぜか疲れが残るのはこれが原因かもしれません。

こんなときは関トレが有効です。肩甲骨の関トレで前鋸筋や菱形筋が鍛えられると、首のこりが改善します。首まわりは血管や自律神経が通っているデリケートなエリアです。首まわりの筋肉がやわらかくなり、脳への血流が改善されることが睡眠にプラスに働くと考えています。首こりを改善すると、頭痛や便秘など睡眠以外の自律神経系の症状が改善していくケースもあります。

現在はメンタルヘルスの問題もクローズアップされています。運動は体だけでなく、メンタルヘルスの向上に役立つという研究が多く出てきています。

特に高齢者の場合、関節の痛みで体が自由に動かせなくなると、人と付き合うのが面倒になったり、自宅に引きこもったりします。これでは心の健康にもマイナスです。

治療の現場で関トレをすると、多くの患者さんが自分の体が変わっていくのを自覚し始めます。痛みがとれたり、動かなかった手足が動くようになったり、歩けるようになったり、パワーを取り戻せたり。すると多くの方は意欲的にトレーニングに取り組んでくれるようになります。体が動かせるようになる、あるいは今までできなかった動きができるようになることで、精神的にも上向きになっていくようです。関トレは心の健康にも一役かっているのだと実感します。

加齢に伴い筋肉量が減り身体機能が低下するサルコペニア、また、心身の活力が低下するフレイルも問題になっています。これらの解決には運動は欠かせません。動けば健康になるのは間違いないのですが、正しく動くために関トレが必要です。

おわりに

関トレはいかがでしたか？

筋肉は年齢とともに衰えていくものという認識が一般的ですが、筋力は運動で90歳からでもグングンついていきます。「肉」は衰えても「力」をつけることは可能です。

歩くなど、運動をすれば体力も筋力もつくのではと思われがちですが、関節を守る筋力が弱いまま運動をしていくとかえって膝が痛くなったり腰痛になったりします。一方、関トレはすればするだけよくなるトレーニングです。

ぜひ1日の始めに関トレをおこなって快適な1日を過ごしてください。

関トレは、

・**膝が痛くて立ち上がるのさえ怖がっている老人保健施設のおばあちゃん**
・**これから老後の人生を旅行で楽しみたいと言っている、股関節の痛みを訴える女性**

・スランプから脱することができずに競技を終えてしまったスポーツ選手
・頑張れば頑張るほど体を壊してしまうスポーツ選手
のために私が考えに考え抜いたトレーニングです。
私は、このトレーニングは世の中に変化をもたらすと思っています。何年も悩んでいた肩こりや腰痛、または競技への不安から解放される方法だからです。

私自身も剣道の競技者として「なぜ思ったように体が動かないのか」とものすごく悩みました。いくら努力しても全くうまくいきませんでした。高校時代、現役最後の試合は悔いの残るもので終わりました。大学では部活動ではなくサークルで剣道を続けることになりましたが、力を充分に発揮できず何度も競技をやめようかと悩みました。ですが、西武ライオンズのスポーツドクターの峯島孝雄先生や武術家の高岡英夫先生をはじめとする識者の方々に出会って多くの刺激を受け、独自に研究を続けてきました〝運動に対する疑問〟にひとつの答えを出せ、運動を学んできて本当によかったなと思います。

理学療法士となって治療家の方や患者さんに教える機会も増えてきました。もしこの本を手にして「体が軽くなった、関節の痛みが改善した」という方は、ぜひまわりの人にすすめていただければ幸いです。

治療院や整形外科に通っても関節の痛みが治らない、ということがほとんどです。ですが、関節痛は自分自身で治せます。これから私は、治療家さんやヨガインストラクターさん、整体師さんの中からも正しいトレーニングの指導者をたくさんつくっていきます。

私は、関節トレーニングの指導者が増えていけば、快適に動ける人がどんどん増えて、日本の医療費削減にも大きな貢献ができると確信しています。

スポーツの世界でも、日本がダントツで世界のトッププレイヤーになることも夢ではありません。

これからの活動を応援していただけると嬉しいです。

最後に、私がまだトレーニング方法を一般の方に広めていったばかりのときにお声をかけていただいた朝日新聞出版の尾木和晴さん、編集を担当くださった大崎俊明さん、岡本直里さん、そして実際に関トレを体験いただき執筆の助言をくださったフリー編集者の和田方子さん、私を理学療法の世界に導いてくれた峯島孝雄先生、スポーツの世界で治療させていただき私の治療技術や運動に関する研究に協力してくれた東京都立駒場高校女子バレーボール部顧問の神山大樹先生にはこの場を借りてお礼を申し上げます。

私は理学療法士としてずっと運動の研究を続けてきたことで、運動は生きていくために必要不可欠である、という結論に至りました。関節痛や筋力の低下が原因で引き起こされる痛み、こりなどはいわば生活習慣病のようなものです。

日本、または世界中の人が関節の痛みに悩むことがないように、自分の研究成果をこれからも発信し続けていきます。

笹川大瑛

理学療法士

笹川大瑛（ささかわ・ひろひで）

理学療法士、東京都立駒場高校女子バレー部トレーナー。

日本大学文理学部体育学科卒、日本大学大学院（教育学）博士課程在籍中。

大学で剣道部に入れなかった悔しさから、運動の研究にかかわるために理学療法士の道を目指す。2013年、理学療法士の資格を取得し、大阪府の病院に就職。臨床現場で慢性疼痛疾患や脳卒中片麻痺のリハビリ、高齢者リハビリと運動に関するリハビリ全般を経験する。勤務の傍ら、運動理論の研究をおこなう。

その後、大学時代に師事していたスポーツドクターの峯島孝雄氏のもとへ戻り、東京・要町病院へ就職。研究内容をメルマガにて発行し、1年で1200人の医療従事者を中心に読まれる専門的なメルマガとして認知され出す。

2015年、東京都立駒場高校女子バレー部トレーナー就任の依頼を受け、トレーニング指導、コンディショニング、パフォーマンス向上などをおこなうようになる。現在は、理学療法の技術や運動・トレーニング、姿勢改善などのセミナーを開催。全国より専門家が集まるなど、多方面から支持を集める。本書が初の著書。

ブックデザイン　小口翔平＋山之口正和（tobufune）
DTP　小林淳（パラレルヴィジョン）
撮影　小山幸佑、片山菜緒子（朝日新聞出版写真部）
イラスト　河島正進
編集協力　和田方子

参考文献

中村隆一、齋藤 宏、長崎 浩『基礎運動学 第6版』(医歯薬出版)
キルステン ゲッツ・ノイマン=著、月城慶一、山本澄子、江原義弘、盆子原秀三=訳
『観察による歩行分析』(医学書院)
高岡英夫『究極の身体』(講談社+α文庫)
山本澄子、石井慎一郎、江原義弘『基礎バイオメカニクス 3次元動作分析』(医歯薬出版)
井原秀俊『関節トレーニング 神経運動器協調訓練 改訂第2版』(協同医書出版社)
柳澤 健、乾 公美『PNFマニュアル 改訂第3版』(南江堂)

関《かん》トレ　関節《かんせつ》トレーニングで強《つよ》い体をつくる

2018年3月30日　第1刷発行
2020年1月20日　第5刷発行

著者　笹川大瑛
発行者　三宮博信
発行所　朝日新聞出版
〒104-8011　東京都中央区築地5-3-2
電話　03-5541-8554(編集)
03-5540-7793(販売)

印刷・製本　大日本印刷株式会社

©2018　Hirohide Sasakawa
Published in Japan by Asahi Shimbun Publications Inc.
定価はカバーに表示してあります

ISBN 978-4-02-331696 -6
落丁・乱丁の場合は弊社業務部(電話:03-5540-7800)へご連絡ください。
送料弊社負担にてお取り替えいたします。